Amor Eterno

Somos associad
pelos direitos da
Nossos fornece
utilizam mão-de
irregular de adole

Amor Eterno
Copyright by © Petit Editora e Distribuidora Ltda., 2008
1-7-08-15.000

Direção editorial: **Flávio Machado**
Assistente editorial: **Dirce Yukie Yamamoto**
Chefe de arte: **Marcio da Silva Barreto**
Capa: **Júlia Machado**
Imagem da capa: **Sandra Hiraoka / StockXpert.com**
Diagramação: **Ricardo Brito**
Revisão: **Márcia Nunes**
Auxiliar de revisão: **Adriana Maria Cláudio**
Fotolito da capa: **Paty Digital**
Impressão: **SERMOGRAF – Artes Gráficas e Editora Ltda.**

Dados Internacionais de Catalogação na Publicação (CIP)
(Câmara Brasileira do Livro, SP, Brasil)

Irmão Virgílio (Espírito).
Amor eterno / romance do Espírito Irmão Virgílio ; psicografado por Antonio Demarchi. – São Paulo : Petit, 2008.

ISBN 978-85-7253-167-2

1. Espiritismo 2. Psicografia 3. Romance espírita I. Demarchi, Antonio II. Título.

08-04159 CDD: 133.93

Índices para catálogo sistemático:
1. Romances espíritas psicografados : Espiritismo   133.93

Direitos autorais reservados.
É proibida a reprodução total ou parcial, de qualquer forma ou por qualquer meio, salvo com autorização da Editora.
(Lei nº 9.610, de 19 de fevereiro de 1998.)
Traduções somente com autorização por escrito da Editora.
Impresso no Brasil, no inverno de 2008.

Prezado leitor(a),
Caso encontre neste livro alguma parte que acredita que vai interessar ou mesmo ajudar outras pessoas e decida distribuí-la por meio da internet ou outro meio, nunca deixe de mencionar a fonte, pois assim estará preservando os direitos do autor e conseqüentemente contribuindo para uma ótima divulgação do livro.

Amor Eterno

Romance do Espírito
Irmão Virgílio

Psicografado pelo médium
Antonio Demarchi

**Rua Atuaí, 383/389 – Vila Esperança/Penha
CEP 03646-000 – São Paulo – SP
Fone: (0xx11) 2684-6000**

Endereço para correspondência:
Caixa Postal 67545 – Ag. Almeida Lima
03102-970 – São Paulo – SP
www.petit.com.br | petit@petit.com.br

Outro livro de sucesso do mesmo autor:

– Anjos da caridade

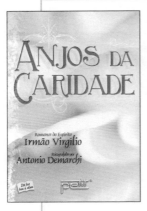

Clarinda, desamparada, caminha aflita pelas ruas do centro da cidade de São Paulo. No colo carrega seu filhinho André, que está muito doente. Julinho, cansado e faminto, não consegue acompanhá-la. Insensíveis, as pessoas parecem ignorá-los. O que fizeram para merecer tanta indiferença? Por que Deus dá tanto a algumas pessoas, que vivem no luxo e na ostentação, e a outros nega moradia e alimento?

Desesperada, Clarinda perde a noção do perigo: pretende salvar seus pequeninos, custe o que custar, pois as crianças precisam sobreviver! Incapaz de dominar-se, deixa os filhos para trás e avança rumo ao desconhecido... É a partir daí que incríveis acontecimentos vão se suceder nos dois planos da existência para demonstrar que existe justiça nas aflições e que Deus não desampara ninguém...

Sumário

Capítulo 1
Maus pressentimentos, 7

Capítulo 2
Maravilhoso mundo novo, 27

Capítulo 3
A grande viagem, 43

Capítulo 4
Nos tempos de Nero, 60

Capítulo 5
A verdade que liberta, 82

Capítulo 6
Conflitos e tribulações, 102

Capítulo 7
Testemunhos de amor, 126

Capítulo 8
Na corte francesa, 146

Capítulo 9
A confissão de Tamires, 165

Capítulo 10
Só o amor é eterno, 198

Capítulo 11
Uma nova esperança, 219

Capítulo 12
Um novo dia, 235

Capítulo 1

Maus pressentimentos

Eram altas horas daquela madrugada de sábado quando o doutor Galvão despertou com o coração sobressaltado. Olhou instintivamente para o relógio e verificou que passavam alguns minutos das cinco horas. Acabara de ter mais uma vez um pesadelo terrível: estava em local ermo, escuro e assustador ouvindo vozes e gritos estridentes. A verdade é que, em seu pesadelo, ele se encontrava perdido num local desabitado e, quanto mais se desesperava na busca de uma saída dali, mais medo sentia e ameaçadoras se tornavam as vozes. Em sua percepção, procurava divisar algum caminho onde pudesse encontrar alguma claridade, mas, à medida que caminhava, sentia-se envolvido em completa escuridão de uma mata densa e fechada, sentindo-se enleado por cipós de todos os lados enquanto seus pés afundavam em um lamaçal fétido e escorregadio.

Vozes aterrorizantes se elevavam no espaço em completa confusão com risadas sarcásticas. Uma voz gutural se destacava entre as demais: culpava-o por crimes hediondos, chamava-o de assassino e fazia ameaças pavorosas. Além disso, seu coração pulsava descompassado. Não conseguia identificar seus perseguidores, mas pareciam cada vez mais perto e ameaçadores. Tentou correr, porém suas pernas não o obedeciam, de forma que seu esforço parecia inútil, quando conseguiu identificar uma figura: sua fisionomia assustadora lhe inspirava medo e terror.

– Agora eu o apanhei – dizia a criatura horripilante enquanto estendia em sua direção as mãos em forma de garras retorcidas.

Fazendo coro àquela figura horrenda, juntou-se uma turba enfurecida de seres repugnantes. Quando tudo lhe parecia perdido, uma voz mansa sussurrou em seus ouvidos:

– Serene seu coração, meu filho, tenha fé em Cristo, porquanto nos momentos difíceis da vida é Ele quem nos sustenta. Sempre que tudo parece perdido à nossa volta, é Ele quem nos socorre. Pense em Jesus e ore com fé em seu coração.

Ao ouvir aquela voz suave e reconfortante, fechou os olhos. Em desespero, quase aos brados, implorou em oração:

– Senhor, tem piedade de mim e ampara-me neste momento difícil, porque sem Ti nada sou. Estende-me tuas mãos e protege-me cobrindo com teu manto sagrado.

Ao acabar de proferir aquela breve oração, acordou com o coração batendo descompassado e com suor frio cobrindo sua fronte.

Sentindo-se ainda sufocado, doutor Galvão olhou para a esposa que dormia profundamente, enquanto ele ainda sentia os efeitos do pesadelo: respiração ofegante e emocionalmente abalado com aquela experiência horrível que acabara de viver. Viver sim, pois tudo fora muito real e estava muito fresco em sua mente. Aqueles gritos tenebrosos pareciam ainda ecoar em sua acústica mental.

Como estava com a garganta seca, levantou-se cuidadosamente para não acordar a esposa e dirigiu-se até a cozinha para tomar água. Sentia o coração angustiado, como prenúncio de alguma coisa ruim, como uma premonição de algo que estivesse para acontecer, mas o que poderia ser? Aquela impressão desagradável o acompanhava constantemente nos últimos dias, sem lhe dar tréguas. Não entendia o que estava ocorrendo consigo mesmo.

Advogado renomado, homem culto, achava que premonições eram bobagens. Se alguém comentava algo sobre espiritualidade, apenas sorria complacente e dizia enfático:

— Estas coisas de espiritualidade são para os pobres de espírito, pessoas ignorantes. Eu tenho minha fé, vou à missa uma vez por mês, confesso meus pecados, cumpro com minha obrigação e tudo sempre deu certo em minha vida. Então, para que ficar inventando histórias? Para que se preocupar com coisas espirituais? Isso tudo é bobagem — arrematava com ares de intelectual que sabe o que está falando.

Embora contrafeito, reconhecia que nos últimos meses as coisas pareciam tomar rumos contrários à sua vontade. Primeiro, sem mais nem menos, começou a experimentar noites maldormidas e pesadelos aterrorizantes, que se repetiam seguidamente. Nos últimos tempos, parecia-lhe que isso estava piorando. Depois, aquela sensação desagradável e inexplicável de que algo ruim estava para acontecer. Isso não lhe dava folga, nem o abandonava em nenhum instante. Começou a sentir medo do escuro e não mais dormia com a luz apagada, como fora sempre seu costume, apesar dos protestos da esposa.

Abriu a geladeira, pegou a garrafa de água mineral gelada e maquinalmente encheu o copo enquanto se lembrava de alguns anos passados, especialmente do dia em que um advogado amigo, o doutor Figueira, o aconselhara a conversar com sua esposa, em virtude dos problemas que seu filho experimentava e que a princípio imaginava serem problemas psíquicos. A esposa do amigo havia lhe dito que se tratava de "problemas de ordem espiritual". Num primeiro momento, aquela informação lhe provocou dúvidas.

Logo em seguida, premido pela necessidade do filho, o doutor Galvão, que sempre alardeara sua descrença em tudo, agora na presença do doutor Figueira, sócio de importante escritório de advocacia de São Paulo e figura respeitada nos meios jurídicos, estava comentando esse assunto, para ele, motivo de constrangimento. Mas a seriedade com que o doutor Figueira conduziu a conversa o tranqüilizou, de forma que se sentiu encorajado para falar com a esposa do amigo.

Resolvidos os problemas do filho, afastou-se daquele meio, pois, no fundo, sentia preconceito. Os dias passaram, os meses voaram e os anos correram céleres. Os compromissos sempre inadiáveis representavam sempre uma boa desculpa para o abandono das reuniões espirituais. O filho cresceu belo, formoso e inteligente. Estava na plenitude da juventude sonhadora, aos 22 anos.

Prestara vestibular para medicina e cursava uma das melhores faculdades públicas do Estado. O rapaz reclamava freqüentemente de dores de cabeça, mas tomava um analgésico e tudo se resolvia. Já fizera alguns exames, mas nada fora detectado. Dessa forma, justificava aquela dor inoportuna por conta de alguma enxaqueca ou algo de menor importância.

Entretanto, pensava consigo mesmo, o problema mais grave acontecia com ele próprio.

Advogado de sucesso, descria das coisas espirituais. Justamente ele vivia um momento de suplício com aquela sensação de medo que o perseguia, como se algo muito ruim estivesse para acontecer. Não sabia mais o que fazer, pois era ele a própria testemunha de que aquilo tudo era muito real e, naquele momento, tendo despertado de outro pesadelo horrendo, chegava à conclusão de que não poderia mais viver aquele suplício emocional. Decidiu procurar novamente os amigos, o doutor Figueira e sua esposa, para uma orientação e uma assistência espiritual.

Titubeante, ao voltar para a cama relutou consigo mesmo. Parou no meio do quarto, pois não sentia vontade de deitar-se novamente. Olhou pela janela do apartamento e verificou que o Sol não tardaria a despontar no horizonte. Ainda sentia o peito oprimido pela angústia de forma que, ao se aproximar da janela, sentiu a carícia da aragem fresca que soprava naquele momento. Fechou os olhos e aspirou em longos haustos o ar que entrava em seus pulmões, tentando quem sabe espantar fantasmas de sua mente e aqueles pressentimentos ruins que rondavam seu coração. Encontrava-se à janela apreciando o horizonte que começava a tingir de rubro com o fulgor do Sol que denunciava sua presença, quando a campainha do telefone retiniu, de forma desagradável e em desarmonia com o silêncio do quarto. Seu coração quase saiu pela boca. Sem poder se controlar, doutor Galvão deu um grito angustiado:

— Meu Deus! — gaguejou e repetiu: — Meu Deus!

A esposa acordou assustada e atordoada. Doutor Galvão teve a sensação de que estava tendo novo pesadelo, com o detalhe de que agora estava acordado. Parecia-lhe que todos os motivos de suas apreensões estariam para eclodir naquele instante. Recordou que sempre ouvira comentários dizendo que telefone tocando de madrugada não costuma ser coisa boa. Seu primeiro pensamento foi ao encontro de seu filho querido, que havia saído com alguns amigos para uma festa. Um turbilhão de pensamentos desconexos passavam por sua mente. Com as mãos trêmulas, agarrou com sofreguidão o aparelho. Do outro lado, uma voz grave disse:

— O doutor Galvão, por gentileza?

Toda aquela sensação dos últimos dias parecia que naquele momento desabava em sua cabeça. Com o coração descompassado e quase em lágrimas, respondeu descontrolado:

— Ele mesmo. Quem está falando? — respondeu quase aos gritos.

A voz do outro lado prosseguiu em tom grave e pausado.

— Doutor Galvão, desculpe-nos pelo transtorno, procure manter a calma, mas estamos falando do Hospital M. Trata-se de seu filho, ele acabou de sofrer um acidente de carro e está internado em nossa unidade de terapia intensiva. O senhor poderia vir até o hospital?

O advogado não ouviu mais nada, pois sua vista escureceu e tudo girou em sua volta. Naquele momento, estava compreendendo de forma dolorosa que algo realmente estava para acontecer em sua vida e que, intimamente, ele vinha pressentindo. Agora percebia a razão de seus pressentimentos. Tratava-se de seu filho querido, José Luiz, a quem desejava a realização dos mais belos sonhos para a vida. Incrédulo, tentando assimilar o impacto da notícia, doutor Galvão sentia que as pernas afrouxaram trêmulas enquanto a voz morria em sua garganta. O experiente advogado, que sempre defendera causas complicadíssimas com inteligência e sangue frio, naquele momento desabava fragorosamente diante da notícia que vinha confirmar todos os seus temores íntimos. Em lágrimas e desespero, deixou cair o telefone, ele, que sempre duvidara de tudo, suas primeiras palavras foram em busca do amparo divino:

– Meu Deus! Meu Deus! Não permita que meu filho morra, Senhor!

Ao ouvir as palavras do marido, dona Celeste também se preocupou. Entretanto, procurou manter a serenidade de espírito e apanhou o telefone do chão para tomar ciência do que realmente acontecera a seu amado filho. Não sabia explicar, mas sentia uma força superior que parecia ampará-la. Mesmo com o coração de mãe agoniado, teve lucidez e calma para anotar o endereço do hospital e, em seguida, cuidar do marido em estado de choque.

A reação do doutor Galvão não combinava com aquele homem austero, acostumado a tratar os problemas mais complexos e intrincados com a maior tranqüilidade. Parecia uma criança desamparada. Quando dona Celeste o abraçou, desabou em prantos:

— Celeste, os meus pressentimentos eram que algo ruim iria acontecer com nosso filho! Meu Deus! O que será de nós, Celeste? Será que Deus vai levar nosso filhinho?

— Calma, meu querido, vamos até o hospital para sabermos exatamente o que aconteceu! Por favor se recomponha, neste momento, nosso filho necessita muito de que estejamos equilibrados. Não fique antecipando sofrimento por ele estar na UTI. Quantas pessoas, também em estado grave, não se recuperam depois? Vamos, você está falando em Deus, é exatamente a fé em Deus o de que mais precisamos agora! Vamos, querido, coragem, pois iremos necessitar de muita coragem sem esquecer que, para Deus, nada é impossível. Tenhamos fé!

As palavras da esposa amorosa parece que tiveram um efeito calmante. Doutor Galvão respirou fundo e, olhando fixamente para os olhos dela, aparentemente mais controlado, respondeu:

— Você tem razão, querida! Nosso filho precisa de nós mais do que nunca. Precisamos ter fé em Deus! Ah, meu Deus, eu que nem sequer tenho pronunciado teu nome, agora Te imploro: tem piedade de nós, salva nosso filhinho querido!

Trocaram de roupa. Com o coração agoniado, desceram até a garagem. Doutor Galvão, que sempre se irritava, pois era um crítico impiedoso da forma como a esposa dirigia, vagarosa e calma, contrastando com sua pressa e às vezes até imprudência no volante, sempre em alta velocidade, naquele instante pediu à esposa que assumisse a direção. Não estava em condições emocionais para nada, muito menos para dirigir. Realmente, parecia-lhe que aqueles pressentimentos, aquela agonia, aquele temor indefinível que o perseguia nos últimos tempos tivera o pior desfecho possível. Na madrugada, depois de uma noite maldormida, povoada de pesadelos, recebeu uma notícia que viera abalar profundamente o orgulho do renomado advogado. Ele adorava o filho, depositara nele todas suas esperanças de pai e jamais pudera imaginar a eventual hipótese de uma perda prematura. O advogado aparentava calma enquanto sua esposa dirigia pelas ruas desertas e perigosas daquele amanhecer na capital paulistana, mas, no fundo da alma, o doutor Galvão sentia-se completamente desorientado.

O silêncio era total, quebrado apenas pelo ronco do motor, demonstrando que algo estava em movimento. Celeste também estava abalada. Mas aquela sensação de serenidade que a envolveu ainda estava presente em seu coração. Enquanto prestava atenção nas esquinas desertas do dia que amanhecia, seu pensamento repousou no filho, nas doces lembranças, no seu sorriso, no seu semblante.

Sensibilizados por algum acontecimento excepcional, nosso pensamento ganha força nas asas da imaginação, trazendo um colorido vibrante. Celeste recordava o filho desde a tenra idade. José Luiz sempre fora uma criança muito alegre e especial. Desde o berço, nunca dera trabalho, chorava apenas quando estava em desconforto, então trocava a fralda e o menino adormecia. Reclamava quando estava com fome. Tão logo tomava mamadeira, aquietava-se. Recordou a emoção indescritível quando ouviu pela primeira vez seu filhinho pronunciando *mamãe*; seus primeiros passos, a escolinha, os primeiros desenhos e o dia em que chegou em casa, depois da escola, cantando uma canção que aprendera naquele dia. O filho parecia tão feliz enquanto cantava, que aquela cena ficara gravada de forma indelével na memória de Celeste e jamais se apagaria de suas lembranças mais caras, na acústica da sua alma.

José Luiz era uma criança dócil, não era de briga e sempre fazia amigos. Celeste começou a ficar preocupada com o filho quando, dos oito para nove anos, passou a ter estranhas visões, brincar com amigos invisíveis e dar nome a cada um. O fato era tão mais preocupante quanto mais parecia real, porque o menino mantinha diálogos com esses amigos. A verdade é que, preocupada, acabou levando o filho a um renomado psiquiatra, passando a freqüentar sessões de análise. Entretanto, apesar do tratamento, os problemas persistiam, tornando-se cada vez mais graves a ponto de o garoto não mais conseguir dormir. Foi quando Celeste conheceu Marcelina, a esposa de um dos advogados amigos de seu marido. Ela dirigia um centro espírita, o que de princípio a assustou, uma vez que tinha muito arraigado em sua formação conceitos do Catolicismo, a par de uma idéia muito negativa da Doutrina Espírita.

Todavia, quando conheceu Marcelina, teve uma impressão completamente diferente de suas concepções. Em sua imaginação como leiga, tinha uma idéia muito negativa das pessoas que se diziam espíritas. Dessa forma, imaginava que ela fosse uma pessoa muito sisuda. Quando chegou ao centro espírita, suas impressões se desvaneceram. Pensou que fosse um lugar triste, lúgubre, escuro, cheio de velas, incenso e imagens. Surpreendeu-se ao verificar que era uma casa acolhedora, sem imagens nem velas, clara, arejada, onde encontrou pessoas agradáveis. Ao perguntar por Marcelina, foi atendida com cordialidade e simpatia:

— Pode entrar minha senhora, Marcelina já está à sua espera.

Enquanto era conduzida a uma sala, observou tudo a seu redor, verificando que havia várias atividades na casa e um fluxo muito grande de pessoas. Um dos receios de Celeste, que até então jamais havia pisado em um centro espírita, era que algum espírito adentrasse seu corpo, se apoderasse dela e a fizesse sofrer.

Quando chegou à sala indicada pela recepcionista, observou que uma senhora ainda bastante jovem, e de uma simpatia cativante, veio sorridente a seu encontro, cumprimentando-a:

— Dona Celeste, sou Marcelina. É uma prazer imenso conhecê-la, seja bem-vinda em nossa casa! Meu esposo contou-me sobre seu filho! Acompanhe-me, por favor — convidou-a cortesmente. — Não tenha receio, esta é uma casa de Deus, uma casa de paz e oração, sinta-se à vontade.

Realmente ela era a simpatia em pessoa. Em sua presença, sentiu-se leve e à vontade, falou de sua vida, de seu esposo e por fim comentou os problemas do filho. Depois de meia hora de conversa, pareciam velhas amigas. Celeste tinha a viva impressão de que ela era uma pessoa já sua conhecida, como se a tivesse encontrado anteriormente, ou que já a conhecia de muito tempo e não simplesmente de apenas alguns minutos.

No final da orientação, Marcelina concluiu:

— Seu filho tem uma sensibilidade muito apurada, dona Celeste.

Celeste não deixou que ela concluísse, interrompendo-a por conta da intimidade recém-adquirida e pela confiança inspirada por sua interlocutora:

— Ah! Por favor, não me chame de dona Celeste, apenas Celeste. Assim sinto-me mais jovem. Além do mais, dessa forma, ficaremos mais íntimas já que nossos esposos são amigos, não é verdade?

Marcelina sorriu diante da espontaneidade da nova amiga e prosseguiu:

— Como estava dizendo, seu filho é uma criatura especial. Tem uma sensibilidade de alma belíssima, muito apurada e à flor da pele.

Novamente foi interrompida pela mãe de José Luiz que, feliz, não conseguia esconder a euforia diante das suas palavras:

— Desculpe-me interrompê-la novamente, mas é que estava muito apreensiva. Haviam me dito que meu filho tinha problemas de mediunidade e confesso que isso me assustava muito. Onde se viu meu filho ser um "médium"? Ainda bem que está me dizendo que o que ele tem é simplesmente uma sensibilidade de alma! Que coisa linda, meu Deus! – exclamou encantada.

Marcelina sorriu desconcertada diante da colocação da nova amiga, tentando esclarecê-la de alguma forma, uma vez que Celeste demonstrava-se uma pessoa completamente leiga.

— Pois é, Celeste, não há motivo para medo ou apreensão, trata-se apenas de semântica. Algumas pessoas falam de "sensibilidade da alma", outros identificam o "sexto sentido", outros comentam como um "poder extra-sensorial" e o Espiritismo simplesmente denomina essa sensibilidade de "mediunidade". Entendeu?

Celeste ficou séria e pensativa por alguns instantes para, em seguida, novamente responder sorrindo:

— Tudo bem, Marcelina, como você quiser, afinal de contas, a pessoa que aqui entende desse assunto é você, mas, por mim, ainda prefiro o termo "sensibilidade de alma", soa mais agradável aos meus ouvidos.

Marcelina sorriu com benevolência e prosseguiu:

— Pois bem, como você queira, mas José Luiz ainda é muito criança para essas manifestações e, para tanto, vou recomendar uma assistência espiritual para que ele possa reencontrar o equilíbrio de suas energias psíquicas, pois tudo isso acaba interferindo no dia-a-dia da criança, criando certo desconforto e atrapalhando as atividades normais. Com a assistência, essa sensibilidade será afastada temporariamente e seu filho voltará a ser uma criança comum, podendo estudar e exercer suas atividades normalmente. Entretanto, como já lhe disse, essa sensibilidade de alma é uma condição espiritual de seu filho e, no tempo aprazado, retornará para que ele possa então desenvolver a tarefa que lhe está destinada.

Celeste suspirou fundo um tanto quanto apreensiva. Tudo que ouvira lhe agradara, menos o fato de que, com o tempo, aquela sensibilidade retornaria.

— Minha cara Marcelina, confesso que tudo me agradou, menos a idéia de que com o tempo meu filho terá novamente essas visões e os mesmos problemas que está vivendo hoje. Não tem um "jeito" para uma solução definitiva?

Marcelina sorriu bondosa, respondendo complacente:

– Celeste, minha amiga, não entendo sua preocupação, pois seu filho será uma pessoa muito feliz exatamente por permitir que essa sensibilidade aflore de seu coração como uma flor perfumada, distribuindo bênçãos de alegria a muitas criaturas. Não se preocupe, confie em Deus, pois quando encontramos Cristo na sensibilidade de nossa alma, somos capazes de construir um mundo melhor, edificando uma ponte de luz entre o céu e a terra. Você e seu marido também têm sensibilidade e seria conveniente que conhecessem a Doutrina Espírita para melhor orientar seu filho.

Celeste recordava aquele episódio como se fora vivido naquele momento e não há tanto tempo. Lembrou-se de que, após a assistência, o filho deixou de manifestar aqueles problemas. Passou a dormir com tranqüilidade e ter uma vida sem preocupações. Após a melhora dele, afastaram-se completamente das atividades espirituais. De vez em quando, Marcelina telefonava para saber como estava o garoto e sempre aconselhava que não abandonassem completamente os compromissos espirituais.

Mas tanto Celeste quanto o esposo queriam mesmo era paz e sossego na vida. De vez em quando, até sentia vontade de ir até o centro, ouvir aquelas palestras agradáveis, tomar um passe, uma água fluidificada, porém quando convidava o esposo, ele tinha sempre uma boa desculpa para não sair de casa e ela também se comprazia, apoiando-se na desculpa do marido para justificar sua própria indolência.

No fundo, no fundo mesmo, Celeste sentia vontade de se engajar nas tarefas desenvolvidas por Marcelina. Tornaram-se íntimas, gostava muito da amiga, sentia por ela verdadeira afeição e simpatia e constantemente Marcelina a convidava para passar uma tarde em uma das creches da instituição ou conhecer a Cooperativa dos Apanhadores de Papelão. Sentiu-se tomada de curiosidade em participar de uma noite com a caravana dos samaritanos que cuidam das pessoas de rua, mas chegava à conclusão de que Marcelina era uma criatura extraordinária e maravilhosa, mas ela mesma não servia para nada disso. Na verdade, faltava-lhe coragem e disposição para sair do conforto e do aconchego de seu apartamento para se aventurar pelas ruas nas noites frias de inverno para oferecer roupas e alimento para os moradores de rua.

– Deus me livre! – dizia divertida. – Perdoe-me Marcelina, mas não consigo fazer nada dessas coisas, não nasci para isso. Ainda bem que existem pessoas como você, porque se dependesse de mim estariam todos perdidos! – completava em tom de brincadeira.

Lembrou-se de que Marcelina espaçou as visitas, mas jamais deixou de ver a amiga e renovar o convite. Davam sempre boas risadas e, embora Marcelina parecesse incansável em suas atividades, Celeste não se deixava convencer. Numa das visitas, surpreendeu-se com José Luiz em animada conversa com Marcelina, pois haviam subido o elevador juntos. O rapaz parecia animado:

– Mamãe, estava conversando com dona Marcelina, sua amiga. Ela estava me falando das atividades que desenvolve, inclusive a distribuição de alimentos às pessoas pobres e moradores de ruas. Ela me disse que na caravana existem alguns jovens, inclusive a participação de médicos. Eu gostaria de uma noite destas também participar, o que a senhora acha? Não seria muito legal? – exclamou entusiasmado.

Celeste olhou fixamente para o filho e naquele momento não gostou da atitude de Marcelina, fechando o semblante. O rapaz já completara 20 anos. Era um moço feito, mas ela era a mãe e jamais iria permitir que fosse lá quem fosse viesse em sua casa influenciar seu filho. Suas palavras foram ríspidas e lacônicas:

– José Luiz, você acabou de entrar na faculdade e tem de estudar muito, não sabe? Então não venha com histórias. Vá para seu quarto que depois conversamos.

O rapaz ficou lívido diante da reação inesperada e intempestiva da mãe. Não quis discutir para não piorar ainda mais a situação diante de Marcelina, de forma que polidamente se despediu, retirando-se da sala.

Em seguida, dirigiu-se à amiga que, atônita, não acreditava no que ouvia:

– E você, minha amiga? O que pretende de meu filho? Não lhe bastaram as tentativas de me convencer? Vou lhe dizer uma coisa, se tiver de fazer alguma coisa, que faça comigo e não com meu filho, está entendendo? Quer que ele se torne espírita? É isso que pretende?

– Perdoe-me, Celeste, se estou sendo mal interpretada. Jamais tive intenção de interferir em sua vida ou impor minha filosofia de vida a quem quer que fosse. Desculpe-me mais uma vez, jamais voltarei a tocar nesse assunto. Se um dia precisar de algo, estarei às ordens. Passe bem, fique com Deus! – despediu-se Marcelina saindo pela porta que acabara de entrar.

Celeste recordou envergonhada aquele episódio. Lembrou-se daquela amiga tão querida e prestativa que não perdera a postura nem a serenidade diante de seu destempero. A resposta foi curta, educada e firme. Foram as últimas palavras trocadas, nunca mais se falaram.

Chegaram finalmente ao hospital procurando imediatamente o balcão de informações, identificando-se. Logo em seguida, o médico responsável pelo plantão noturno os chamou para a sala de atendimento.

– Doutor Galvão e senhora Celeste? Sou o doutor Antero, clínico responsável pela emergência do Hospital – identificou-se o facultativo. – Pois bem, seu filho sofreu um acidente automobilístico que ocasionou uma forte pancada na base frontal da caixa craniana provocando um traumatismo. O paciente, neste momento, encontra-se em cirurgia que levará ainda algumas horas em virtude da complexidade do local da intervenção e só após concluído o procedimento é que poderemos emitir algum boletim a respeito da cirurgia e do estado do paciente. Apenas posso adiantar que, infelizmente, o estado de seu filho é muito grave.

O pai torcia as mãos de aflição diante das informações pouco animadoras do médico. Desejando maiores subsídios para suas dúvidas, questionou o doutor em busca de mais informações.

– Doutor, peço-lhe, por caridade, entenda a situação de um pai que ama seu filho mais que tudo na vida. Meu filho representa o maior tesouro que Deus poderia ter concedido: existe alguma esperança, doutor?

Dava pena ver o estado de desespero estampado na fisionomia do doutor Galvão. Seus olhos vermelhos de lágrimas copiosas traduziam o desalento e a desesperança que corroía sua alma e seu coração. Se pudesse – pensava intimamente –, daria a própria vida pelo filho adorado. Ao lado do esposo, dona Celeste, de cabeça baixa, chorava em silêncio pesaroso.

Doutor Antero estava acostumado aos dolorosos dramas, pois todos os dias clinicava trazendo de volta à vida muitos que já pareciam ter transposto o grande portal da eternidade, mas outros tantos jamais retornariam, apesar dos esforços e dos recursos da medicina. Depois de tantos anos de trabalho, parecia acostumado à dor do semelhante. Muitas vezes procurava não se envolver com o sentimento dos pacientes, mas havia casos em que isso era impossível. Aquele era um daqueles casos.

Abraçou aqueles pais desesperados, convidando-os para que se sentassem. Enquanto se acomodavam, o médico esclareceu:

– Perdoem-me se minhas palavras foram muito duras ou insensíveis diante de uma situação de dor que envolve um ente querido. O senhor me perguntou se existe esperança para seu filho e eu lhe respondo que esperança sempre existe, doutor Galvão. Quando ele aqui chegou, seu estado era desesperador, mas ainda apresentava sinais vitais. Imediatamente tomamos as providências para preservar sua vida. Realizávamos os exames para identificar a dimensão e a gravidade da lesão enquanto a equipe cirúrgica se preparava para uma operação de emergência, uma vez que foi detectado grave traumatismo e lesão cerebral na região do occipital[1]. Podem ter certeza de que nós, os médicos, temos limitações, mas sempre estaremos fazendo o melhor que pudermos para salvar vidas, doutor Galvão. Entretanto, costumo dizer que nunca é demais confiar na equipe médica e orar a Deus. Vocês crêem em Deus? – perguntou o médico com um gesto significativo.

Doutor Galvão calou-se surpreendido enquanto o médico finalizava suas considerações:

– Neste momento acho que um pouco de fé sempre ajuda – concluiu. – Estou retornando à visita aos demais pacientes, por favor, aguardem na recepção que tão logo eu tenha alguma informação adicional, chamo-os para informá-los.

Enquanto observavam o médico se afastando pelos corredores do hospital, doutor Galvão fez seu ato de contrição, jamais havia pensado naqueles profissionais valorosos que passam noites de plantão para salvar vidas e muitas vezes não são reconhecidos. Agora seu filho dependia da competência e da dedicação daqueles profissionais que sofrem, amam e padecem as mesmas dores do ser humano comum. Apenas um detalhe os diferencia, cuidam do que existe de mais precioso: a vida. Por essa razão, não podem cometer erros.

Doutor Galvão e dona Celeste se abraçaram, unidos na dor da incerteza, na angústia que tomava conta de suas almas, na loucura do desespero, na tormenta impiedosa que se abatera sobre eles, e pensaram que mais do que nunca necessitavam do amparo

---

1. A parte ínfero-posterior da cabeça. (Nota do Editor)

de Deus e de conforto espiritual para que tivessem um alento naquele momento de provações tão difíceis.

Lá fora, o astro-rei se levantava no horizonte e espargia sua luz pelo espaço cósmico, iluminava e aquecia a alvorada na alegre revoada dos pássaros, renovando os valores e oferecendo mais um dia de oportunidades na vida das criaturas humanas.

Era mais um dia que se iniciava na bondade do Criador.

Capítulo 2

Maravilhoso mundo novo

Encontrava-me na sala do Centro de Estudos localizado no edifício do Ensinamento para Todos os Planos aguardando a presença do Instrutor Pétrus. Acabara de retornar daquela que fora uma das mais gratificantes experiências em meu aprendizado espiritual. Havia recebido o convite para substituir meu querido irmão Otávio na instituição Reajuste Materno, dirigida por ele e destinada ao amparo de mães desencarnadas em decorrência de complicações físicas provocadas por aborto[2].

Ainda trazia em minha memória muito dos dramas vividos por aquelas infelizes mães que, por motivos mais variados, haviam praticado o doloroso delito do aborto, que matava a vida que palpitava em seus ventres, trazendo como resultado nefasto

---

[2]. Os episódios relativos ao reajuste materno foram relatados no livro *Crepúsculo de outono*, de Irmão Virgílio. (Nota do Médium)

27

a própria morte. Meditava na importância do conhecimento das responsabilidades espirituais para que as criaturas tivessem plena consciência da conseqüência desastrosa de seus atos no uso do livre-arbítrio, na falsa ilusão do "faço o que quero com meu corpo" e no terrível equívoco das atitudes e da brutalidade desastrosa do aborto, que leva à morte seres indefesos.

    Causa preocupação à espiritualidade a indiferença de grande parte da humanidade diante da inversão de valores que estamos vivendo na Terra. A liberdade sexual, vivenciada desde a adolescência de forma despreocupada pelos jovens, de forma irresponsável, tem por vezes a complacência dos genitores. Isso traz resultado negativo: gravidez na adolescência e práticas abortivas cada vez mais indiscriminadas e perigosas, tendo como conseqüência preciosas vidas ceifadas. Mas o fator de maior preocupação é que a sociedade, em vez de educar para os verdadeiros valores da moral, corrigindo o problema na raiz, se preocupa em aprovar leis que venham escancarar a porta para a livre prática do aborto. É triste e preocupante verificar que a humanidade vive momentos difíceis, mas o ser humano invigilante ainda não se deu conta que passamos por um momento de transição planetária de muita seriedade.

    Encontrava-me empolgado e distraído em meus raciocínios quando fui envolvido em fluidos agradáveis de um abraço fraterno. Era o Instrutor Pétrus que acabara de chegar. Com um sorriso jovial, cumprimentou-me carinhosamente.

    – O bom filho a casa torna. Que bom que esteja de volta, Virgílio, pois senti muito sua falta! Seja bem-vindo às atividades. Temos muitas novidades!

A alegria de Pétrus era sincera e contagiante. Senti-me muito feliz, uma vez que estaríamos retomando minhas experiências junto ao querido instrutor por quem nutria verdadeiro sentimento de estima, amizade e respeito. Pétrus era um espírito de elevada hierarquia e, por conseguinte, trazia como conquista espiritual a seriedade ao lado da afabilidade e da sensibilidade. Sua ascendência espiritual era algo que se destacava com naturalidade e, ao mesmo tempo, com simplicidade e simpatia. Sua presença trazia autoridade que se irradiava de forma espontânea e alegre, com sabedoria e bom senso. Encontrar-me novamente com Pétrus era uma grande satisfação e vivenciar com ele lições do aprendizado de sua grande experiência um privilégio de que não me considerava merecedor[3].

Quando Pétrus mencionou as novidades, lembrei-me de uma criatura extraordinária por quem aprendera a cultivar um sentimento de carinho e verdadeira admiração: das Dores. Como estaria das Dores em sua readaptação no mundo espiritual? Nem sequer cheguei a articular minha indagação, pois o generoso instrutor antecipou a resposta:

— Das Dores encontra-se muito bem, em franca recuperação, Virgílio. Sei que você gostaria de fazer-lhe uma visita e então tenho uma sugestão. Amanhã temos uma missão junto à crosta para, com Irmã Marcelina, acompanharmos um episódio doloroso que ocorreu recentemente. Dessa forma, você estará hoje com a tarde disponível e poderá fazer uma visita à das Dores. Tenho certeza de que seu coração vai se alegrar quando reencontrar nossa querida companheira.

---

3. Pétrus é o instrutor que acompanha Irmão Virgílio em sua missão de aprendizado nos episódios relatados no livro *Anjos da caridade*. (N.M.)

Sorri feliz com o convite. Não falei nada e nem era necessário. Pétrus sabia do sentimento de alegria que invadia meu peito. Com a liberação do instrutor, parti imediatamente na direção do Retiro da Luz Divina, local de nossa Colônia, onde estagiam espíritos em melhores condições de entendimento e aceitação, independentemente da religião que abraçaram quando encarnados, cuja característica principal é o da mansuetude e pureza de coração, necessitando apenas de tempo para se ambientarem à nova vida sem o corpo denso da carne e poderem retemperar suas energias.

Chegando às dependências do Luz Divina, fui recepcionado por Blandina, uma jovem e dedicada enfermeira, responsável pela instituição.

– Irmão Virgílio, como vai? – cumprimentou-me sorridente, com delicadeza.

– Muito feliz e aprendendo cada vez mais – respondi com alegria. – Você já estava sabendo de minha visita? – perguntei surpreso.

– O Instrutor Pétrus acabou de pedir-me que o acompanhasse até nossa querida irmã das Dores.

Enquanto seguia Blandina pela parte lateral do edifício em direção à localização dos jardins do hospital, ainda estava surpreso e questionando como Pétrus teria avisado tão rapidamente de minha visita se tudo fora combinado poucos instantes antes e eu me deslocara quase que instantaneamente para o Luz Divina.

Minha cicerone sorriu complacente, respondendo a meu questionamento.

– Telepatia Virgílio, telepatia. Existem estágios da espiritualidade em que a comunicação é muito rápida e prática, fato muito comum entre espíritos que já galgaram o degrau do conhecimento espiritual e conhecem o funcionamento das ondas magnéticas do pensamento e da sintonia mental. O pensamento é energia em ação, positiva ou negativa, depende apenas do diapasão vibratório das ondas do pensamento. O ser humano deveria ser mais vigilante e ter mais cuidado com o que pensa, pois o pensamento é força atuante que se irradia em todos os quadrantes, enredando-se em complicada teia de ondas mentais magnéticas que se imantam pelo teor vibratório dos pensamentos emitidos, atraindo para si companhias que se afinam com o diapasão vibratório dos nossos pensamentos. Há um dito popular que diz com muita propriedade: "Diz-me com quem andas e te direi quem és". Todavia, espiritualmente poderemos dizer: Diz-me qual o teor de teus pensamentos e te direi com quem andas. É uma verdade incontestável.

Compreendi a elucidação de Blandina. Pétrus simplesmente havia enviado um pensamento por meio da sintonia vibratória avisando da minha visita. Mas o assunto era extremamente interessante, de forma que, ao perceber meu interesse, Blandina continuou sua explanação.

— Virgílio, a Colônia Irmão Nóbrega encontra-se sobre a região interiorana de São Paulo, entre a capital e o interior do Estado. Em nossa colônia, por características muito peculiares, temos um intenso intercâmbio com irmãos superiores de esferas mais elevadas com a missão de auxílio e ensino às regiões intermediárias e mais densas, de forma que não se perca o elo de ligação entre as regiões mais elevadas e os planos mais densos das atividades terrestres, particularmente neste momento que a humanidade atravessa. Dessa forma, um grande número dos que estagiam na Colônia Irmão Nóbrega domina, pelas conquistas efetuadas, os atributos do espírito, sendo capazes da volitação[4], podendo deslocar-se na velocidade do pensamento. Dessa forma, não mais necessitam de se manifestarem por meio da palavra articulada, utilizando a transmissão das ondas telepáticas do pensamento, bem como outras aptidões conquistadas pela evolução e desprendimento espiritual. Esses nossos irmãos respeitam aqueles que ainda estão atrasados na caminhada e, dessa forma, pacientes ainda conversam conosco utilizando a expressão verbal da palavra articulada, caminham ao nosso lado e nos estendem as mãos pacientes e amorosos, sabedores que há de se dar tempo ao tempo para que o ser humano, ainda prisioneiro das sensações materiais, possa se libertar e evoluir. O tempo é precioso instrumento da sabedoria divina.

Enquanto eu registrava os apontamentos, Blandina prosseguiu em sua explanação:

– Se por um lado temos irmãos nossos que se encontram avançados espiritualmente pelo progresso efetuado em virtude do esforço desprendido, outros ainda têm pela frente longos estágios de aprendizado até conquistarem os requisitos necessários para tal. Muitos irmãos quando desencarnam, apesar de muitas vezes encontrarem-se em boas condições espirituais, não estão preparados para o "maravilhoso mundo novo" que encontrarão deste lado e quando aqui aportam, na maioria das vezes, encontram complicada barreira "mental e emocional", que funciona como pesada âncora e

---

4. É o processo do espírito de locomover-se no espaço pelo ato da vontade. (N.E.)

cria dificuldades a serem superadas para se libertarem dos liames das sensações físicas, pois ainda sentem psicologicamente as mesmas necessidades que experimentavam no plano físico do corpo material.

Enquanto prosseguia sua dissertação, eu observava com admiração o desembaraço e o conhecimento de minha orientadora. A condição de jovem de Blandina era apenas a aparência de sua personalidade espiritual, pois sua figura irradiava grande conhecimento de espírito milenar e a bondade daqueles que aprenderam a amar. Não era por acaso que era responsável pela coordenação dos trabalhos do Luz Divina. Sorri diante da lógica cristalina de seu esclarecimento. O assunto era palpitante e gostaria de maiores esclarecimentos, mas Blandina interrompeu sua elucidação, uma vez que havíamos chegado ao jardim do Retiro da Luz Divina.

A Colônia Irmão Nóbrega era repleta de jardins, todos de indescritível beleza. Mas o jardim do Luz Divina era algo de extraordinário na exuberância de suas flores, no denso arvoredo que circundava o hospital, no lago cristalino repleto de cisnes que nadavam com tranqüilidade e beleza. Irradiavam-se pelo ar suaves acordes de músicas indizíveis por seu encanto que tocavam as fibras mais sensíveis do coração em termos de paz e harmonia. As flores produziam um encantamento pela maravilha do colorido dos matizes multicores, inundando o ambiente com o perfume de suas pétalas. Pássaros chilreavam trinados de beleza extraordinária e de encantamento ímpar levados pelo tépido sopro da brisa que trazia consigo o suave aroma das flores perfumadas. Um chafariz no meio do jardim jorrava delicados jatos de água que se elevavam à pequena altura, produzindo tênue cortina de orvalho da manhã que, ao contato com a luz do Sol brilhante daquela tarde, decompunha seus cristais tecendo belíssimo arco-íris. O firmamento trazia-nos à visão espiritual a beleza de um azul cristalino, completando a espantosa maravilha que meus olhos descortinavam.

Extasiado e emocionado, repeti as mesmas palavras que Blandina havia proferido momentos antes:

– Maravilhoso mundo novo!

Blandina sorriu diante de minha exclamação espontânea, mas não pudemos nos estender em outras considerações porque estávamos exatamente no meio do jardim e, naquele momento da tarde, grande número de assistidos se reunia para salutar intercâmbio de impressões. Em outras palavras, reuniam-se para um descontraído e gostoso bate-papo.

Acompanhada de uma jovem enfermeira, identifiquei das Dores, que caminhava em direção ao lago. Seguimos em seu rumo e quando ela reconheceu Blandina, interrompeu sua caminhada para nos esperar. A manifestação de alegria daquela criatura simples, que eu conhecera quando encarnada, irradiou-se por um sorriso espontâneo. Observei admirado que a aparência dela demonstrava que das Dores era bem mais jovem, embora ainda conservasse os cabelos embranquecidos que transmitiam uma aura de respeitabilidade. O sorriso era o mesmo, e sua expressão indicava que, apesar da melhoria de sua aparência, a essência era a mesma daquela mulher valorosa que eu conhecera no corpo físico depauperado pelos castigos sofridos pelo tempo nas duras lutas que vivenciara em sua última existência terrena.

Quando nos aproximamos, em viva demonstração de carinho e apreço, Blandina abraçou das Dores.

– Minha querida amiga, hoje está aqui para visitá-la um amigo muito querido e que a admira muito. Trata-se de nosso Irmão Virgílio.

Das Dores fitou-me com um olhar terno. Sua expressão era meiga e fraterna, fazendo com que eu recordasse de minha própria genitora.

– Irmão Virgílio, parece que já o conheço de algum lugar – comentou enquanto me fitava. – O senhor não me é estranho!

Abracei-a comovido e acariciei seus cabelos com ternura filial.

– Das Dores – respondi emocionado –, já nos encontramos várias vezes quando estava encarnada, bem como em seus sonhos durante o desprendimento espiritual enquanto dormia e certamente sua memória registrou impressões e as reteve. Mas queria dizer-lhe que acompanhei os últimos dias de sua tarefa terrena e confesso que a admiro muito por sua coragem, suas lutas incessantes e seu desapego. No mundo físico, considera-se que os grandes vitoriosos são aqueles que vencem pelo sucesso financeiro e material, mas, aos olhos de Deus, os verdadeiros vitoriosos são aqueles que vencem a si mesmos, por superarem o orgulho e a vaidade íntima, desprendendo-se das falsas aquisições temporais para viver na humildade a plenitude do espírito. Dedico-lhe minha admiração, meu carinho e minha estima, porque você soube viver com dignidade. Apesar das dificuldades da vida, soube repartir o pouco que tinha, amar com desapego e doar-se sem esperar recompensas. Por isso hoje aqui estou para abraçá-la com amizade e respeito e repetir: você foi para mim um grande exemplo de dignidade humana!

Ao ouvir minhas palavras, das Dores ficou com os olhos rasos d'água. Em seguida, abriu seu coração para exprimir seus sentimentos.

– Obrigada por suas palavras, Irmão Virgílio. Na verdade, o que sinto no fundo de meu coração é que minha existência material realmente foi de muitas dificuldades. Confesso que, em muitos momentos, me senti desamparada e só, chegando algumas vezes a pensar em desistir da luta, porque tudo era muito difícil. Entretanto, ouvindo agora suas palavras, faz-me recordar que, nos momentos mais difíceis, eu ouvia uma voz dentro de minha própria consciência, que me dizia palavras de encorajamento e conforto para que não desistisse da luta. Às vezes, essa voz me parecia tão real que me surpreendia olhando aos lados para ver se não havia alguém comigo. Era algo muito forte que sempre repetia: "Coragem, minha irmã, siga em frente, não desanime, porque o final de sua vida será coroado de glória, e você será uma vencedora".

Prosseguiu ela:

– Então eu me animava e seguia meu caminho. Uma das coisas que me trazia grande satisfação era quando podia, de alguma forma, ajudar alguém em situação mais difícil que a minha. Aquilo me dava forças, coragem e bom ânimo para superar as adversidades. Sei que minha aparência foi prejudicada pelo envelhecimento precoce, pelas noites maldormidas, alimentação deficiente, falta de cuidados médicos e também confesso que já havia me despido de toda e qualquer vaidade sem me importar com a aparência, que devia ser sofrível. Mas vou dizer-lhe uma coisa, irmão Virgílio, nunca, nunca mesmo, em nenhuma hipótese devemos esmorecer. Eu levava uma vida sofrida e solitária; com exceção da companhia de duas ou três pessoas que me conheciam, eu não tinha amigos. Então por que se preocupar com a aparência física? Foi então que um fato veio mudar completamente minha vida triste e solitária.

Ainda ela:

— Certo dia, encontrei algumas crianças abandonadas embaixo de um viaduto. Isso mudou completamente o sentido de minha existência, pois trouxe a alegria que nunca experimentara. Daí para frente, tudo se modificou para melhor, desde o encontro com Maria do Rosário e Sebastião e finalmente quando conheci Irmã Marcelina. Minha existência terrena que até então havia me reservado dificuldades e sofrimento, no final, conforme aquela voz silenciosa me dizia, veio se confirmar: minha vida mudou, senti-me novamente gente, despertando em mim uma confiança em Deus que eu mesma desconhecia. Se minha vida foi difícil e sofrida, com sinceridade vou dizer que no final compensou tudo. Eu me senti uma pessoa abençoada por Deus por conhecer pessoas extraordinárias, por ter ao meu lado duas crianças maravilhosas e, finalmente, por auxiliar de alguma forma a desventurada mãe daqueles meninos que, por uma bênção de Deus, os colocou em meu caminho.

A generosa senhora, muito idosa, dava seu depoimento emocionada. Seus olhos estavam orvalhados de lágrimas que desciam pela face e a molhavam. Aproveitei o momento para perguntar suas impressões a respeito da nova vida que encontrara após o desencarne.

Das Dores sorriu com doçura, respondendo-me com simplicidade.

— Pois é, Irmão Virgílio, ainda continuo surpresa com tantas novidades. Em primeiro lugar, quando despertei do lado de cá, não tinha a mínima idéia do que havia acontecido comigo. Por alguns dias, nem sequer suspeitei que estava "morta", porque me via em um hospital, sendo tratada com respeito e carinho. Sentia um pouco de dor de cabeça, mas os médicos e enfermeiros eram atenciosos. Ofereciam-me água e oravam e então me sentia melhor. O sentimento de saudade dos meninos e de Clarinda era muito grande e estranhava que os dias passavam sem que ninguém viesse me visitar. Em minha ignorância, comecei a imaginar que já não fazia mais parte do mundo dos "vivos", mas essa suspeita se tornou certeza quando recebi a visita de Irmão Glaucus pela primeira vez. Quando Irmão Glaucus me cumprimentou e acariciou meus cabelos, então reconheci a voz que me guiou por toda existência.

Prosseguiu ela:

— Ele simplesmente sorriu e me confirmou: "Eu não lhe disse, das Dores, que no final haveria de valer a pena?" Eu lhe disse que não entendia aquelas coisas, mas, naquele momento em que Irmão Glaucus falou comigo, despertou em meu íntimo um sentimento inexplicável: ele me era alguém muito caro ao coração, mas eu não conseguia me lembrar dele. Chorei emocionada enquanto aquele querido amigo me dizia: "Chore, minha irmã, chore com alegria, porque nossos laços são santos e profundos, cujas raízes se estendem na noite dos séculos sem fim. O que importa é que você venceu importante etapa de sua jornada evolutiva conquistando elevados valores espirituais, ao mesmo tempo que se despiu de tristes mazelas do pretérito. No momento oportuno, terá conhecimento dos fatos que realmente interessam a respeito de seu passado. Por ora, serene seu coração na confiança do Pai Eterno".

Emocionada, das Dores enxugava as lágrimas, prosseguindo em seu depoimento:

— O que sinto, Irmão Virgílio, agora que estou com a mente mais leve e arejada, é que ainda estou muito distante da compreensão das coisas espirituais. Quando penso naqueles que ficaram no mundo material, meu sentimento é de imensa gratidão, saudade e carinho. Percebo que deixei para trás pessoas que também me são caras à alma, mas encontrei aqui criaturas por quem meu coração se emociona. Glaucus me afigura como um filho muito querido, o Instrutor Pétrus lembra-me a figura de um pai amoroso, enfim, sinto que estava bastante equivocada quando imaginei que tinha poucos amigos na Terra. A cada dia que passa, percebo que meu círculo de amizade se ampliou bastante e, não fosse a enorme saudade que tenho dos amigos que ficaram, diria que me sinto muito feliz.

Continuou ela:

— Apenas uma curiosidade, Irmão Virgílio, no início foi muito difícil de me adaptar: trata-se da alimentação. Na Terra eu era um bom prato, não pela qualidade, mas pela quantidade. Senti muito a falta de comida sólida, de um bom prato de arroz com feijão e um bife, de uma boa salada, embora os caldos servidos fossem saborosos. Parecia-me que não satisfazia minhas necessidades, embora soubesse que estava bem alimentada. Era uma sensação estranha qual se fora uma angústia, uma dependência emocional, que me fazia sentir necessidade de comer algo sólido, consistente, para satisfazer minha vontade, e preencher o vazio psicológico que refletia no estômago. O pessoal da enfermagem teve muita paciência comigo. Eles diziam que tudo era psicológico e que eu tinha de fazer um esforço para disciplinar a mente e aprender a me satisfazer com os alimentos líquidos que me eram servidos. Mas posso dizer que fiz progressos. Hoje os caldos me satisfazem e estou aprendendo a me alimentar por meio da respiração, assimilando as energias fluídicas que existem no universo. Mas, de vez em quando, ainda bate aquela vontade quase incontrolável de comer um bom prato de arroz com feijão e fritas.

Sorri diante do depoimento singelo e sincero de das Dores. Recordei as palavras que Blandina havia proferido apenas alguns instantes antes. O problema alimentar ainda é uma dificuldade a ser vencida pela maioria de nós, não pela conotação de pecado, imposto pelas religiões, mas pela dependência e pelo apego desmedido das coisas materiais que muitas pessoas sofrem quando se vêem desalojadas do corpo físico.

Aqueles que não buscaram o esclarecimento e a espiritualidade, mas se apegaram em demasia aos bens transitórios da matéria, se entregaram aos vícios da bebida e do fumo, viveram na carne as sensações do sexo desregrado e se empanturraram à mesa no prazer da gula vão sofrer as conseqüências do modo de vida que escolheram.

Quantos irmãos nossos aportam do lado de cá e se desesperam com a falta do cartão de crédito que lhes franqueavam facilidades, da vultosa conta bancária que permitia comprar o que bem entendessem e dos títulos que lhes concediam privilégios. Sofrem porque não conseguem se desprender das coisas materiais, pois o apego funciona como uma pesada âncora a jungir o espírito na esfera material de forma impiedosa. Embora desprendidos do corpo denso de carne, o espírito, nessas condições, padece com a fome e com a sede, como se ainda estivesse de posse do corpo físico. Os que fumavam se angustiam com a falta do cigarro, os que bebiam se desesperam com a falta da bebida, e os viciados em drogas enlouquecem na abstinência forçada, porque a dependência química está impregnada no corpo perispiritual e na mente do desencarnado, que vive verdadeiro martírio após o desenlace físico.

Portadora de credenciais e créditos por merecimento, das Dores recebeu todo amparo e auxílio necessário e, mesmo tendo levado uma vida com simplicidade e desapego, sentiu necessidades da alimentação material, pois essa é uma etapa que o próprio espírito tem que superar por si mesmo, com o amparo dos benfeitores espirituais.

Das Dores interrompeu minhas divagações para concluir seu depoimento:

– Hoje sinto-me renovada em minhas disposições e alegro-me a cada dia agradecendo a Deus por tantas bênçãos recebidas. A cada manhã, levanto-me com uma nova disposição e me surpreendo com uma energia que me conforta, apesar da saudade dos meus queridos que ficaram. Sinto-me cercada por carinho e atenção de que não me julgo merecedora, mas Glaucus me diz que simplesmente estou me preparando para uma nova etapa, uma nova vida. Irmã Blandina tem sido um anjo de amor e caridade, tendo me confidenciado que em breve deixarei o Luz Divina para vivenciar novas experiências do espírito. Isso me anima muito, pois segundo me informaram vou me preparar para auxiliar em tarefas que muito aprecio, não é mesmo, irmã Blandina? – concluiu das Dores.

Blandina sorriu benevolente, abraçando com carinho a boa senhora.

– Sim, das Dores, em breve, muito breve você deixará as dependências do Luz Divina. A melhor forma de alcançar progresso e melhoria íntima é pelo trabalho em nome do Cristo.

Com alegria e inexcedível carinho, abracei das Dores ao me despedir, e ela me disse:

– Venha sempre me visitar, Irmão Virgílio. Um dia ainda, quem sabe, vou entender melhor essas sensações, mas sinto que você também é alguém muito caro ao meu coração. É como se fosse um filho muito querido.

Emocionado, enxuguei as lágrimas. Das Dores também era alguém muito cara ao meu coração. Era daquelas criaturas cujos caminhos cruzamos uma vez que seja, mas é o suficiente para deixar sua marca indelével em nossa memória.

Capítulo 3

A grande viagem

Quando aportamos no salão de reuniões do centro espírita dirigido por Irmã Marcelina, o relógio terreno marcava exatamente 21h30 minutos. Era um dia em que se desenvolviam reuniões de apoio fraterno, e os trabalhos estavam se encaminhando para seu encerramento. Fomos recebidos por Glaucus, que nos acolheu com a costumeira cordialidade. Após os cumprimentos, o querido amigo fez breve relatório de uma situação bastante difícil que vivia um ex-freqüentador da casa.

— José Luiz é um jovem com mediunidade promissora – esclareceu Glaucus. – Freqüentou nossa casa durante algum tempo em assistência espiritual em virtude de uma sensibilidade muito ativa cujo processo teve início ainda em tenra idade, o que trazia sérios problemas para o garoto. Todavia, o chamamento não era apenas para o filho, mas uma forma para que seus pais, reencarnados com tarefas definidas no campo da mediunidade, pudessem despertar para as responsabilidades. Entretanto, bem nos alerta o *Evangelho* quando nos diz que "muitos são os chamados, mas poucos os escolhidos"[5], porque a grande maioria prefere fazer ouvidos moucos para os chamamentos, só despertando quando a dor bate à porta. Tão logo o filho apresentou melhoras, os pais abandonaram as reuniões e os estudos da Doutrina Espírita. Irmã Marcelina preocupou-se com os amigos, pois o pai do garoto, o doutor Galvão, é advogado de renome e amigo de seu marido, o doutor Figueira. Fez amizade com a mãe, dona Celeste, enquanto o garoto demonstrava simpatia e sensibilidade nas visitas de Irmã Marcelina, o que acabou, ao longo dos anos, provocando uma explosão de ciúme maternal por parte da genitora de José Luiz.

Continuou ele:

— Com o passar dos anos, os problemas foram se agravando para o doutor Galvão, que passou a sentir na própria pele os efeitos de um perigoso envolvimento espiritual proveniente de sua mediunidade desequilibrada, fazendo com que o advogado experimentasse os sintomas de sensações inexplicáveis de medo e insegurança que se agravavam cada dia mais, chegando ao ponto de não mais conseguir repousar à noite durante o sono, em virtude de pesadelos angustiantes. A sensação de que alguém sempre estava à sua espreita, a impressão desagradável de que algo ruim estava para acontecer e os pesadelos em que se via perseguido por inimigos invisíveis fizeram com que se tornasse um homem

---

5. Mateus, 22: 1 a 14. (N.M.)

inseguro e estranho. O próprio doutor Galvão não reconhecia a si próprio diante do tormento em que sua vida se transformou, culminando com o grave acidente sofrido por José Luiz, seu único filho, que hoje se encontra em coma profundo. Diante de tão infausto acontecimento, Dona Celeste e o doutor Galvão imediatamente buscaram o consolo da Doutrina Espírita na pessoa de Irmã Marcelina, que tem se dedicado em orações e vibrações em favor do jovem.

Prosseguiu ele:

— No fundo, Irmã Marcelina sente-se tomada por profunda tristeza, pois ela acompanhou de perto ao longo dos anos a evolução daquele caso, reconhecendo no jovem a docilidade de espírito e a sensibilidade mediúnica de que ele era portador. A reunião de hoje teve como objetivo o atendimento a muitos necessitados que sempre batem às portas da casa em busca de conforto espiritual, o que é um dos princípios da Doutrina Espírita: o consolo. Mas, principalmente os trabalhos desta noite, visam ao amparo em favor de José Luiz, por meio de vibrações, para que as energias canalizadas possam de alguma forma contribuir para o auxílio do jovem acidentado, bem como para o conforto de seus familiares, que se recusam mesmo a pensar na hipótese do desenlace do filho querido.

Naquele momento, Glaucus indicou um casal sentado na primeira fila do salão. Eram os pais de José Luiz. Dava pena observar o profundo abatimento e a tristeza estampada no semblante de cada um. Dona Celeste não parava de chorar enxugando as lágrimas com um lenço, onde se via bordado o nome do filho, enquanto doutor Galvão, com a cabeça baixa, não derramava lágrimas, mas seu coração de pai chorava em silêncio, em profundo sentimento de dor.

Confesso que me senti comovido diante daquele quadro. Sei como é doloroso para um pai e uma mãe perder um filho ainda em tenra idade. É um sentimento de dor irreparável e extrema, pois não existem palavras que possam definir e dar a exata dimensão desse sofrimento. É um sentimento de vazio, de perda, de desencanto e que nos arrebenta o coração. Perde-se o referencial da própria vida, que fica momentaneamente sem nenhum sentido. Em muitos casos, em que as criaturas levavam uma vida despreocupada, diante de um acontecimento tão infausto, sentem-se abandonadas por Deus e, em muitos outros, chegam até a duvidar da bondade divina.

Glaucus, que acompanhava meu pensamento, complementou meu raciocínio:

— Tens razão, Virgílio. A verdade é que a grande maioria vive de forma como se a vida física fosse eterna, que a morte não existisse e que também não pudesse atingir precocemente aqueles a quem amamos. Infelizmente muitas pessoas ignoram o verdadeiro sentido da vida, vivendo intensamente apenas o mundo físico das sensações. Concentram seus objetivos unicamente nas conquistas materiais, no sucesso financeiro, na aquisição desenfreada de bens que a traça corrói e a ferrugem consome, como se fossem viver eternamente na bonança da vida material. Esquecemos que o amanhã a Deus pertence e que muitas vezes, antes que possamos nos dar conta, podemos ser chamados à prestação de contas de nossos atos, ante a grande viagem de Além-túmulo.

Continuou ele:

— Muitos se apresentam do lado de cá como verdadeiras crianças espirituais, totalmente despreparados para a realidade que terão de enfrentar, resultante do próprio modo de vida que eles cultivaram. A perturbação que experimentam e o sofrimento que vivem ocorrem exatamente na mesma proporção da necessidade do aprendizado pela dor que a vida impõe por leis sábias e justas para aqueles que ainda não aprenderam a amar, renunciar, perdoar e buscar as virtudes da humildade e a prática da caridade para com o próximo, como uma defesa em favor de si mesmo. Observamos ainda que aqueles que receberam a visita da dor diante da perda inesperada de um ente querido, se entregam ao desespero e à revolta da incompreensão diante dos quadros dolorosos que a vida impõe a cada um. Realmente, se o homem tivesse a verdadeira compreensão da fragilidade da vida, buscaria viver mais para Deus, procuraria seu aprimoramento íntimo na conquista das virtudes do espírito, não se apegaria em demasia aos bens transitórios e se desvencilharia dos vícios perniciosos que o torturam durante a vida material e que o escravizam no Além-túmulo.

Prosseguiu ele:

— De um modo geral, a maioria de nós sente alguma dificuldade e até sofrimento para se readaptar diante de uma nova vida, em corpo mais sutil, pela necessidade compulsiva de alimentos sólidos que trazemos em nosso condicionamento mental. Deveríamos ter mais cuidado e disciplina durante nossa vida material, evitando excessos à mesa, procurando educar nossas reações e disciplinar nossos sentimentos, porque tudo isso representa pesados entraves que o espírito imortal carrega consigo após transpor o limiar da eternidade. O beberrão inveterado se desespera com a falta da bebida escravizante, o fumante dependente se entrega ao desvario diante do desejo incontrolável do cigarro, o dependente químico vai à loucura diante da abstinência compulsória que a perda do corpo físico impõe e o glutão sofre pela falta da alimentação farta. Enfim, durante a vida, deveríamos viver de forma tal como se cada atitude e hábito no dia-a-dia pudesse ser um treinamento para nos preparar para o dia que chegará inexoravelmente para cada criatura que vive no plano físico do planeta.

    Naquele momento, Irmã Marcelina se preparava para as vibrações e a prece de encerramento, de forma que Glaucus se aproximou envolvendo a médium em fluidos simpáticos de amor. A dirigente identificou imediatamente a presença do amigo espiritual, deixando-se conduzir com docilidade. A sintonia que envolvia Glaucus e Irmã Marcelina era de elevado teor vibratório, o que permitia ao mentor liberdade de acesso às faculdades medianímicas da médium, conduzindo com facilidade as energias dos centros de força envolvidos no intercâmbio mediúnico. O corpo perispiritual da médium se elevou alguns centímetros além do corpo físico, tornando-se luminoso a partir da glândula pineal e dos centros de força coronário, frontal e laríngeo. Com o envolvimento mais efetivo e a fina sintonia que se estabelecera entre a médium e o mentor, dava-se a impressão de que ambos se transfundiam num só corpo luminoso, particularmente na região superior do corpo físico da médium. Dado o envolvimento espiritual, a fisionomia de Irmã Marcelina naquele momento parecia apresentar delicadas nuanças de transfiguração, enquanto sua inspiração fluía na forma de uma torrente contínua de luz e energia, ao proferir sua prece vibratória em favor de José Luiz:

— Jesus, Divino Mestre, amigo de todas as horas, neste momento de dor e amargura que estes irmãos enfrentam, vimos te rogar auxílio e amparo! Sabemos que muitas vezes a vida nos reserva duras tribulações, sofrimento e dor! Sabemos também, Senhor, que apenas o Pai Eterno conhece os desígnios do amanhã e, por essa razão, apelamos por Sua lei de misericórdia, porque, diante de sua infinita sabedoria, ainda somos tão pequenos, Mestre! Ainda somos falhos e fracos e ainda estamos distantes de Sua Lei de Amor. Muitas vezes recebemos a visita da dor porque ainda não aprendemos a amar. Sabemos que estamos atrasados em demasia diante da longa caminhada, que nos detemos nos desvios dos enganos transitórios da vida material e o quanto nossa fé é pequena e fraca, Senhor! Ao nosso querido José Luiz lhe rogamos. Jesus querido, que a espiritualidade maior, com sua permissão, possa envolvê-lo em nossas vibrações de amor e carinho! Que neste momento possa José Luiz receber as energias amorosas que nossos corações, unidos em prece, na sintonia do amor direcionam ao nosso querido irmão. Ampare e abençoe este nosso irmão querido, e se for de sua vontade Mestre, por acréscimo de misericórdia, lhe rogamos pelo restabelecimento daquele filho tão amado!

Notei naquele momento que as vibrações conduzidas por Irmã Marcelina sob a orientação de Glaucus tinham como objetivo principal os pais de José Luiz. Diante de minha percepção espiritual, observei que belíssimo raio luminoso de tonalidade azul-clara descia das esferas mais elevadas, envolvendo o salão de oração, transfundindo-se em radiosa e resplandecente corrente energética, à proporção que se agregava às vibrações originadas pelas ondas eletromagnéticas provenientes do pensamento em oração de cada encarnado presente, convergindo em forma de um halo luminoso, envolvendo dona Celeste e o doutor Galvão em suave radiação de harmonia e equilíbrio. Os pais de José Luiz registraram quase que de imediato os efeitos dos eflúvios vibratórios em forma de fortalecimento íntimo. Dona Celeste ainda chorava, mas verificava-se que suas lágrimas não mais representavam desespero, enquanto doutor Galvão parecia mais confiante e fortalecido. Uma nova disposição íntima animava aqueles corações em dolorosa lição de aprendizado diante da grande escola da vida.

Observei ainda forte influxo fosforescente nas tonalidades azul e verde-clara que se estendia para além dos limites do ambiente físico, em vibrante radiação energética para destino direcionado. Imediatamente reconheci que aquelas eram as vibrações endereçadas ao jovem hospitalizado. Diante de minhas observações, Pétrus convidou-me para acompanhar os resultados no corpo físico e no perispírito do paciente que se encontrava em estado de coma profundo em leito hospitalar.

Em rápido deslocamento pelo processo da volitação, alcançamos o hospital em cujo leito estava José Luiz. Uma equipe médica de nossa esfera nos recebeu com atenção e respeito ao adentrarmos o recinto.

– Sejam bem-vindos, amigos – saudou-nos cortesmente doutor Plácido, responsável pela coordenação das atividades médico-espirituais daquele hospital. – Sabíamos que hoje haveria uma reunião espiritual em benefício do paciente. Por essa razão, ficamos a postos para acompanhar o resultado dos recursos vibratórios. Por favor, fiquem à vontade – concluiu.

Observei que as energias luminosas provenientes da corrente vibratória envolviam o corpo físico do paciente que, naquele momento, à semelhança de um mata-borrão, absorvia cada gota energética como planta ressequida que recebe um novo fluxo da linfa preciosa. Entretanto, percebi que o corpo perispiritual do jovem estava parcialmente desligado do corpo físico, mantendo frágil ligação com ele, apenas pelos laços fluídicos do centro de força frontal e coronário. Em espírito, José Luiz apresentava-se também em sono profundo. Entretanto, as energias vibratórias envolviam em fluidos luminosos seu corpo perispiritual particularmente na região da cabeça, produzindo um efeito calmante, de paz e harmonia ao jovem. Diante do meu questionamento, doutor Plácido trouxe-me preciosos esclarecimentos.

– Estamos diante de um problema crucial, Virgílio. Os encarnados se desesperam ao observar um ente querido em estado comatoso, na expectativa de que um fato excepcional, um quase milagre, permita que aquele retome à vida no corpo físico. Desconhecem o estado real em que se encontram – do "lado de cá" – e se têm condições ou não de reassumir novamente o controle do corpo material e que condições físicas terão, diante das lesões que trazem diante das seqüelas muitas vezes irreparáveis ocorridas nos delicados tecidos do cérebro que comandam as atividades físicas do organismo. Nunca se deve perder as esperanças. É imperioso buscar alternativas nos recursos disponíveis da ciência médica para que a esperança da vida não se apague. É uma necessidade que não pode ser descartada em nenhuma hipótese, pois jamais poderemos concordar com a partida para a "grande viagem" antes do tempo previsto, para aqueles que ainda têm tarefas a cumprir no plano físico da vida.

Continuou ele:

— Temos observado, ao longo destes anos, casos em que o espírito em estado comatoso, depois de algum tempo readquire espiritualmente energias vitais adormecidas, reassumindo o controle do corpo carnal, quando ainda não se romperam os laços fluídicos que unem espírito e corpo físico. Em alguns casos, o espírito se apresenta lúcido do lado de "cá", consciente da condição em que se encontra; outras vezes perturbado, confuso, sem noção do que está ocorrendo a seu redor; em outros casos, quando se justifica, simplesmente os mentores espirituais os mantêm adormecidos para que não recebam as energias negativas provenientes das vibrações de angústia, lamentos e desespero dos encarnados. Nem sempre os acidentes são fruto de resgate espiritual e nem sempre essas ocorrências estão previstas na existência de acidentados.

Ainda continuou:

— Existem os casos de negligência e irresponsabilidade do ser humano que de posse do livre-arbítrio perpetra abusos contra o próximo e contra si próprio. Os jovens que não receberam noção de educação, respeito ao próximo e limites, que ganham o carro do "papai", que acham tudo poderem diante das condições materiais, que se entregam à bebida, às drogas e abusam da velocidade acabam por provocar verdadeiras tragédias, antecipando a "grande viagem" antes do tempo previsto. Em todos os casos, a espiritualidade mobiliza todos os recursos possíveis, que não venham ferir, derrogar ou interferir na Lei de Ação e Reação, Causa e Efeito e, nesse aspecto, conta sempre com o concurso fluídico energético das vibrações e orações sinceras. O ser humano que pela conduta irresponsável provoca grave acidente receberá o recurso espiritual tanto quanto aquele que sucumbiu diante da irresponsabilidade de outrem, com a diferença de que, para este, o desencarne é uma bênção libertadora, apesar da violência sofrida, enquanto para o outro continuar vivendo com as seqüelas físicas representará uma dura lição no aprendizado da escola da vida, que ensina pela dor o aluno teimoso que ainda não compreendeu a grande lição do amor.

O assunto era extremamente interessante. Observando meu interesse pelo assunto, doutor Plácido prosseguiu:

— Na verdade, Virgílio, a grande lição que a vida nos ensina é que jamais podemos desistir da vida. Se do lado de "cá" sabemos quem são os que já cumpriram sua tarefa na vida física e devem partir para o mundo maior, nossos irmãos encarnados não têm essa informação e, por esse motivo, devem buscar sempre os recursos possíveis na tentativa de reabilitar para a vida física o irmão em estado de coma. Entretanto, chegamos à conclusão de que existem limites extremamente injustos, pois o recurso de manter um ente querido em um leito hospitalar por algum tempo está reservado apenas aos bem postados na vida. Aqueles que dependem do recurso público infelizmente não terão a mesma oportunidade, uma vez que não existe a compensação monetária que permita a manutenção por tempo indeterminado daquela vida, mesmo que em caráter precário.

Meditei profundamente nas palavras do médico. Realmente, quantas vezes também testemunhamos casos em que a condição financeira do paciente, de um lado, permite a manutenção do coma por prazo indeterminado, e de outro, torna difícil a mesma oportunidade, por mais remota que fosse, de lutar pela vida.

Doutor Plácido sorriu com tristeza, complementando meus pensamentos:

— Você tem razão, Virgílio. Entretanto, não é nosso intuito criticar aqueles que assim procedem, pois, tendo recursos monetários, podem pagar o leito hospitalar, mantendo a vida do paciente mesmo que num estado em que aparentemente não existem esperanças. O que lamentamos é que infelizmente o mesmo benefício por vezes é negado aos menos favorecidos, unicamente por falta da compensação financeira.

Enquanto procedia às minhas anotações, novas questões surgiam em minha mente. Qual procedimento devem os familiares tomar diante de um ente querido em estado de coma? Doutor Plácido imediatamente trouxe seu esclarecimento diante da minha dúvida.

— Sabemos todos como é doloroso um quadro de "coma" de um ente querido, porque a expectativa do desenlace é iminente e constante. Da mesma forma que recomendamos aos encarnados que convertam suas lágrimas em oração, sua saudade em prece, que louvem a memória dos que "partiram" e que enderecem seus pensamentos com carinho e amor aos recém-desencarnados para que onde eles estejam possam receber as vibrações harmoniosas que os auxiliam a se reequilibrarem na nova vida, também as estendemos aos familiares daqueles que se encontram em estado de coma. No leito do paciente, enderecem palavras de bom ânimo, carinho, amor, reconforto. Orem pelo paciente vibrando fé e confiança. Coloquem alguma música em tom baixo, de preferência clássicas suaves.

Prosseguiu ele:

— Peço licença para citar um caso sobejamente conhecido do público: um pai amoroso visitava seu filho em estado de coma. Quando se encontrava a seu lado demonstrava alegria, contava casos, ria das próprias piadas, como se o filho também estivesse ouvindo e participando daquele quadro. Um belo dia, foi abençoado ao verificar que seu filho havia despertado, pois sorriu com uma anedota que o genitor acabara de contar. Na maioria dos casos, mesmo em estado de dormência e apesar de inconsciente, o espírito registra o que ocorre ao redor e, nesse aspecto, o clima de otimismo, oração e confiança são fatores que contribuem decisivamente para que o espírito possa ser auxiliado e envolvido pela atmosfera de vibrações positivas, retomando ele o controle do corpo físico ou simplesmente se preparando para o desencarne.

Outra questão ainda me incomodava. Por quanto tempo um paciente deve ser mantido em estado de coma? Novamente, doutor Plácido sorriu benevolente, esclarecendo-me:

— Esta é uma questão difícil de ser respondida Virgílio, não é nosso objetivo, nem vamos entrar no âmbito das opiniões polêmicas.

Podemos apenas dizer que, estatisticamente, a maioria dos pacientes é de origem modesta que nem sequer tem o direito a essa dúvida, porque, infelizmente, no lado físico, leva-se em consideração a condição financeira para a manutenção do paciente comatoso, uma vez que o atendimento público não contempla essa possibilidade. Resta uma parcela minoritária com poder aquisitivo que permite estender esse prazo de acordo com as posses de cada um. O que podemos afiançar é que a equipe médica espiritual mobiliza todos os recursos disponíveis para amparar o paciente que não tem contemplação material. De uma grande parcela, obtemos sucesso. Infelizmente, de outros não. Entretanto, cada caso é um caso, e cada qual apresenta circunstâncias que devem ser analisadas sob a luz da Lei de Ação e Reação e da lei de misericórdia divina nos escaninhos complexos das existências pretéritas que se perdem nas noites dos séculos de aprendizado, do espírito em sua longa caminhada rumo à perfeição.

Continuou o instrutor:

– A vida material é transitória, mas o espírito é imortal e sempre aprende na grande escola da vida. Todas as lições, por mais dolorosas que sejam, representam sempre um grande aprendizado na trajetória do espírito imortal. Concluindo, poderíamos dizer que a ciência médica deveria, em qualquer circunstância, envidar todos os recursos da medicina para preservar a vida independentemente da condição financeira do paciente. Esgotados os recursos médicos e o tempo, a questão pertenceria ao foro íntimo dos familiares para a tomada de decisão, de forma que nenhuma atitude fosse intempestiva nem representasse uma violência ao espírito que vive esta difícil experiência.

Os ensinamentos de doutor Plácido eram extremamente interessantes, pois traziam esclarecimentos a respeito de uma questão que aflige muitos corações.

— E o que dizer a respeito de pessoas que viveram experiência de "quase-morte" quanto às lembranças quase sempre recorrentes em relação ao túnel e à luz? — perguntei.

Com um sorriso paciente, mais uma vez o bondoso amigo trouxe-me preciosos esclarecimentos.

— São experiências inesquecíveis que marcam de forma indelével a vida de cada um, Virgílio. As visões e as lembranças dependem exclusivamente da condição de entendimento de cada um. Entretanto, de um modo geral, as lembranças das visões de uma luz forte e do túnel antes de retomarem o corpo físico devem-se basicamente ao esforço que nós do lado de "cá" mobilizamos em projeções energéticas na região dos centros de força frontal e coronário. Em estado de coma profundo, o espírito fica retido ao corpo físico de forma precária apenas com os laços do frontal e coronário. Somente o próprio espírito, auxiliado pela equipe médica espiritual, tem a condição de realimentar os demais centros de força, readquirindo o domínio do corpo físico e reativando os laços fluídicos do corpo perispiritual.

Continuou ele:

— Quando existe a mínima possibilidade, considerando que ainda aquele espírito tem tarefas a cumprir no plano material, a equipe espiritual se mobiliza e concentra esforços por meio de projeções energéticas nos centros de força coronário e frontal. O espírito recebe o poderoso fluxo energético em forma de luz impressionando a região do córtex cerebral, o hipocampo, o hipotálamo e a epífise[6]. O resultado, como impressão pessoal que fica registrada em sua memória, é o de que se encontrava em uma região escura, semelhante a um túnel longo e escuro, e a visão da luz que projetamos ativou as atividades cerebrais, até então, adormecidas. Em melhor estado de consciência e lucidez, outros pacientes registram a mesma impressão do choque energético recebido, mas guardam também as visões dos amigos espirituais que observaram quando parcialmente desligados do corpo material.

Fiquei satisfeito diante dos esclarecimentos de doutor Plácido. E quanto ao caso de José Luiz? Quais eram as possibilidades e expectativas?

O bondoso amigo apenas sorriu, dizendo-me:

— Ah! Este é um caso extremamente complexo, Virgílio. Como você necessita transmitir essa experiência aos nossos irmãos encarnados, vou pedir que o Instrutor Pétrus possa esclarecer de forma mais abrangente e profunda para melhor compreensão de todos. O caso de José Luiz envolve muitos fatores e variáveis, cujo objetivo final pode alterar completamente o rumo dos acontecimentos. A vida física de nosso irmão poderá ou não ser preservada, dependendo apenas do resultado dos fatores que mencionei anteriormente.

---

6. "É a glândula da vida mental. Ela acorda no organismo do homem, na puberdade, as forças criadoras e, em seguida, continua a funcionar, como o mais avançado laboratório de elementos psíquicos da criatura terrestre. (...) A glândula pineal reajusta-se ao concerto orgânico e reabre seus mundos maravilhosos de sensações e impressões na esfera emocional. Entrega-se a criatura à recapitulação da sexualidade, examina o inventário de suas paixões vividas noutra época, que reaparecem sob fortes impulsos". *Missionários da luz* (Rio de Janeiro: Federação Espírita Brasileira), Espírito André Luiz, psicografia de Francisco Cândido Xavier. (N.E.)

Naquele momento, o Instrutor Pétrus esclareceu que o caso de José Luiz seria um belo exemplo de amor e renúncia e que, no momento adequado, teria os esclarecimentos necessários.

Observei que José Luiz em espírito permanecia em repouso, à pequena distância do corpo físico. Espiritualmente, o jovem me parecia extremamente tranqüilo, enquanto as energias ainda perduravam, com efeitos salutares tanto no aspecto espiritual quanto físico. A despeito do fato de encontrar-se adormecido, pude registrar que o jovem se encontrava em estado de eqüilibro e harmonia.

Agradeci a atenção de doutor Plácido e da equipe que o assistia e nos afastamos em direção à nossa colônia. Em silêncio, observei a magnífica visão cósmica que se descortinava à minha vista, enquanto meditava na fragilidade da vida, nos mistérios que cercam o delicado fio, na tênue linha que separa as dimensões da vida material e espiritual que denominamos "morte", que nada mais é que a transposição das duas dimensões e que ainda nos causa estranhas sensações de medo e mistério.

Capítulo 4

Nos tempos de Nero

Depois da visita ao leito de José Luiz, fiquei intrigado com uma questão: que fatores e variáveis envolviam aquele caso e quais resultados determinariam o desencarne ou não daquele jovem? Ainda aguardava a presença do Instrutor Pétrus, que naquele instante finalizava uma aula a respeito da personalidade do homem a um grupo de estudos avançados.

Como tinha ainda alguns minutos, procurei um espaço na Biblioteca Eurípedes Barsanulfo para meditar a respeito de minhas últimas experiências com o generoso instrutor. Recordei as preciosas lições vividas com das Dores, Irmã Marcelina, com Cristina, a advogada dos fracos, rememorando a nobreza dos gestos e o altruísmo dos ideais de criaturas extraordinárias[7].

---

7. Irmão Virgílio se refere aos episódios relatados no livro *Anjos da caridade*, Petit Editora. (N.M.)

Minha admiração por das Dores não era sem razão. Uma criatura sofrida que soubera fazer da vida uma valiosa oportunidade de aprendizado, amor, renúncia e abnegação. Irmã Marcelina, uma mulher da alta sociedade que não se deixou contaminar pela riqueza nem pelo egoísmo, possui uma determinação de caridade e humildade, o que identificava suas credenciais de espírito em plena ascensão espiritual. Cristina, a jovem advogada, movida por ideais legítimos de sentimentos sinceros e honestos, utiliza seu talento para trabalhar por justiça em favor dos fracos e oprimidos. E Clarinda, a infeliz mãe que sofreu os tormentos de uma prisão extremamente rigorosa em razão de seu delito de valor material tão irrisório.

"Que laços espirituais uniam aquelas criaturas tão diferentes umas das outras?", meditei no silêncio de meus pensamentos. A vida é algo realmente extraordinário, pensei comigo mesmo, pois, nos intrincados e complexos fios do destino, cruzamos com pessoas das quais desconhecemos seu passado e o significado delas na vida de cada um de nós. Alguns, a exemplo de um cometa, brilham intensamente em nossas vidas e passam rápido, deixando marcas profundas em nosso ser. Uns se instalam em nossos corações de forma que jamais os esquecemos. Outros caminham conosco, dividindo momentos de alegria e tristeza, outros ainda partem e nunca mais os encontramos. Entretanto, em todos os encontros nenhum ocorre por simples e mero acaso, de forma que cada um deixa sua marca registrada em nossa memória espiritual e nos sentimentos mais sagrados do espírito imortal.

Encontrava-me tão absorto em meus pensamentos, que não percebi a presença do Instrutor Pétrus ao meu lado sorrindo, possivelmente do teor de minhas reflexões.

– Realmente, Virgílio, a vida é um grande mistério, uma aventura extraordinária do espírito em seu aprendizado. Uma das coisas mais intrigantes que aprendemos em nossa jornada evolutiva é que nada acontece por acaso e todos os encontros deixam marcas em nosso ser, mas o que torna realmente a vida bela e faz tudo valer a pena se resume em uma simples palavra que poucos compreendem o seu profundo significado: "amor".

Sorri diante das palavras do instrutor. O que me deixava maravilhado e feliz era que o querido amigo compreendia meus pensamentos e o que ia em meu coração com facilidade. Pétrus continuou suas ponderações:

– Sim, Virgílio, o destino de todos nós é o amor universal, porém ainda estamos distantes da real compreensão do seu significado. Por meio de seus exemplos, Jesus nos ensinou o sentido do amor. Confunde-se esse amor com sentimento de posse, apego e paixão, mas ainda estamos muito distantes do real significado desse sentimento sublimado. A esposa ama o marido e vice-versa com sentimento de apego; os pais, particularmente as mães, amam verdadeiramente os filhos, mas com sentimento de posse; o jovem apaixonado se inflama com o fogo da paixão, e os amigos nutrem sentimento de estima e amizade. Entretanto, o amor verdadeiro é sublime, nada exige em troca, nada espera, não condena e é capaz de renúncias grandiosas.

Petrus continuou:

— O Criador nos concedeu o dom de existir num momento sublimado de amor e inspiração. Jesus, o Divino Amigo, veio até nós em um gesto de amor extremado. Ele nos amou intensamente, acompanhando nossos passos desde os primórdios de nossa existência. Poderia ter enviado outro mensageiro de esferas elevadas para nos trazer a mensagem do *Evangelho*, mas, por amor, preferiu vir pessoalmente em missão sacrifical. Ceando na casa de Zaqueu, mostrou-nos o Divino Amigo que o amor é tolerância, compreensão, confiando que os doentes da alma também podem encontrar o remédio da cura no amor verdadeiro. Exaltou a pureza do amor sublimado diante da pecadora que ungia seus pés com suas lágrimas e os enxugava com seus cabelos, enquanto o mundo a condenava. Mas a mais sublime prova do amor que o Divino Mestre nos deixou foi na cruz. Depois de horas de sofrimento e tortura, olhou para a multidão que o havia recebido com louvores poucos dias antes, no entanto escolhera Barrabás e agora, alucinada, gritava impropérios. Sob a mão de ferro da dor torturante, no auge da lenta agonia e no limite da resistência física, no derradeiro exemplo de amor incondicional, o Mestre, num esforço supremo, levanta a fronte para o alto e pede pelos seus algozes e pela humanidade inteira: "Senhor, perdoa-os porque não sabem o que fazem". Esse é o amor desvelado, sublimado, em sua essência mais pura, que perdoa incondicionalmente, que compreende sem exigências, serve sem apego e ama com desprendimento.

As palavras do instrutor calavam fundo em minha alma. Enquanto pequena pausa se fez natural, meditei nos ensinamentos profundos a respeito do amor. Ainda estamos muito distantes do verdadeiro amor – pensei comigo mesmo –, que é compreender as falhas alheias, estender as mãos pela caridade mais pura, sem esperar recompensas, amar com desapego e servir com desprendimento. Ainda gostamos apenas daqueles que nos são simpáticos e temos dificuldade em desculpar as faltas de nossos desafetos. Ainda nos é difícil perdoar os que nos magoaram e ofenderam, esperamos reconhecimento e nos decepcionamos diante da ingratidão. Convivemos e criamos expectativas, esperamos a reciprocidade dos semelhantes e ainda nos é difícil praticar a caridade despretensiosa e amar com desapego.

O generoso amigo sorriu, continuando sua explanação.

– Uma coisa é certa, Virgílio. Um dia, todos comungaremos na sintonia do amor sublimado vivenciado por Jesus. Esse é o destino de todas as criaturas, sem exceção. Enquanto isso não acontece, sofremos porque amamos com sentimentos de apego demasiado, nos desesperamos porque ainda cultivamos a posse material transitória, nos desequilibramos porque não conseguimos perdoar, enlouquecemos porque não aprendemos a viver em harmonia conosco mesmo e nos tornamos prisioneiros de nosso egoísmo porque ainda não aprendemos a grande lição de dividir com amor e servir com caridade e desprendimento. Entretanto, o *Evangelho* de Jesus nos alerta que aquele que não evolui pelo amor evolui pela dor. O caso de José Luiz, por exemplo, é significativo, pois mostra a essência do amor, que se eleva e se sublima.

O instrutor silenciou por alguns segundos para, em seguida, retomar os esclarecimentos.

— José Luiz é um espírito que já galgou importantes degraus na escala evolutiva do espírito, com notáveis aquisições no campo da disciplina, da humildade, da caridade e do desprendimento. Suas ligações com aqueles que hoje são seus genitores materiais remontam alguns séculos. Desde os tempos de nossa Roma imperial, em que ainda tateávamos na escuridão da ignorância, apesar da luz que brilhou às nossas vistas, passamos ao largo, diante da insensibilidade e do orgulho que nos embrutecia a alma. Corria o ano de 64 da era cristã e Roma vivia dias turbulentos sob o domínio de Lúcio Domício Enobardo, conhecido como Nero Cláudio César Augusto Germânico. Embora estivesse em seu apogeu de conquistas sangrentas, Roma vivia seus próprios conflitos sob o comando do Imperador Nero, que a cada dia parecia mais enlouquecido, exercendo seu poder de forma arbitrária e cruel, entregando-se aos excessos na libertinagem e nos desregramentos morais.

Prosseguiu ele:

— Em seus devaneios e acessos de loucura, com sua mente doentia e desequilibrada, o Imperador se considerava um artista, um ser especial, um ser divino, um deus. Queixava-se constantemente de que os grandes poetas, como Homero e Virgílio, compuseram seus poemas épicos baseados em aventuras e acontecimentos verdadeiros. Ele também poderia ser um expectador privilegiado de algum acontecimento extraordinário em que pudesse buscar inspiração para compor uma obra épica e imortal. Em seu acesso de loucura e com auxílio de mentes doentias, planejou o grande incêndio que devorou Roma por dias e dias a fio. Conforme o combinado, o Imperador se encontrava em Antium quando irrompeu o fogo destruidor e, como parte da encenação, retornou às pressas quando avisado do acontecimento. Para melhor observar e buscar a inspiração de grande poeta que dizia ser, postou-se estrategicamente no alto das Colinas em local de visão privilegiada de onde podia observar as labaredas flamejantes que envolviam a cidade em chamas e todo o desespero do povo em fuga.

Esclarecendo-me, prosseguiu:

— Todavia, a dimensão da tragédia adquiriu proporção desmesurada e assustadora que nem a mente doentia do próprio Nero havia imaginado, e a revolta foi geral. Para conter a turba enlouquecida, sob a malévola influência de Ofrônio Tigelinus[8], encontrou uma saída magistral: prometeu identificar e punir exemplarmente os culpados, entregando à fúria do povo os responsáveis pelo incêndio. Sob inspiração de mentes desequilibradas, responsabilizou os cristãos pela tragédia. Como se não bastasse, com intuito de tentar acalmar o povo revoltado, prometeu a reconstrução de uma nova cidade ainda mais bela, além de oferecer fartura de pão e diversão gratuita. Em sua ânsia tresloucada, Nero prometia espetáculos circenses inéditos que o povo jamais haveria de esquecer. Dito e feito. Para cumprir o prometido, determinou providências imediatas e ordens de prisão foram emitidas às pressas, de forma que, em pouco tempo, as prisões ficaram abarrotadas de cristãos, que eram presos aos milhares, de forma impiedosa.

O instrutor fez silêncio por alguns instantes. Notei que o querido amigo encontrava-se com os olhos marejados de lágrimas

---

8. Prefeito de Roma nomeado por Nero. (N. E.)

pelas lembranças de eras tão distantes, de tribulações e dores e, ao mesmo tempo, tão importantes para a humanidade.

Confesso que a narrativa de Pétrus também me trazia à lembrança reminiscências de um passado longínquo, que nos marcou profundamente. Recordava também meus tempos na velha Roma, em que um novo dia surgiu em nossos horizontes, com luz intensa, mas ainda não podíamos compreender a grandeza dos exemplos daqueles heróis anônimos dos primórdios do Cristianismo. Por instantes, rememorando o passado, parecia-me ainda viver naqueles dias turbulentos da grande Babilônia Imperial, com suas grandes e imponentes edificações, as termas, os aquedutos e os templos erigidos para acolher estátuas frias de deuses insensíveis em contraste com a plebe miserável que passava pelas ruas que margeavam o Tibre, sem mencionar a aristocracia orgulhosa, que vivia os privilégios do poder oriundo das conquistas sangrentas e dominações impiedosas.

O instrutor prosseguiu em sua narrativa, tirando-me das divagações:

– Corria o ano de 65. Quem viveu naquela época sabe dos tormentos inenarráveis em virtude dos desmandos praticados por imperadores despóticos e desequilibrados. Nem mesmo os membros do Senado estavam livres das intrigas palacianas, nem os nobres isentos das loucuras de Nero, que desconfiava da própria sombra. Nas noitadas da orgia palaciana e sob o efeito do vinho, aqueles que viviam sob as benesses do poder articulavam planos sórdidos que o Imperador permitia de bom grado, porque gostava de dar demonstrações de seu poder e autoridade desmedida. Nero se considerava um ser divino, com poder sobre a vida e a morte.

Continuou:

— Era rotina algum nobre ou senador cair em desgraça pelas intrigas dos conselheiros de César, que lhes decretavam a morte sem piedade. Dessa forma, aqueles que, em razão da autoridade que exerciam ou do cargo que ocupavam, cuja atividade estava afeita ao convívio com o poder, viviam dias tormentosos diante da loucura desenfreada de Nero. Havia manifestações de descontentamento no meio militar e na aristocracia, mas antes que tomasse uma dimensão perigosa, Nero sufocou a conspiração com mão-de-ferro, condenando à morte vários acusados, entre os quais o poeta Lucano e o conselheiro Sêneca. As poucas vozes que ainda ousavam se levantar acabavam se calando diante da temeridade das conseqüências imprevistas do humor do Imperador.

Após breve pausa, Pétrus continuou:

— Neste clima de medo e pavor, a vida se tornava uma aventura perigosa, pois Nero tinha seus observadores e constantemente colocava à prova a lealdade daqueles que julgava não estarem satisfeitos com seu governo. Mente arguta e observadora, o Imperador notava aqueles que se retraíam de sua companhia e, quando isso acontecia, promovia festins de completo desregramentos, convocando, como presença obrigatória, aqueles que julgava insatisfeitos. Senadores e nobres de moral elevada constantemente passavam por verdadeiros vexames para declararem sua lealdade e, dessa forma, escaparem da morte. A cada dia, Nero se tornava mais perigoso em suas loucuras. A prisão dos cristãos e os horrendos espetáculos no circo não eram suficientes, pois Nero estava ficando enfastiado com as mortes daqueles que pereciam sem reagir nem demonstrar medo, entoando estranhos cânticos diante de felinos selvagens, agressivos e esfomeados.

E o instrutor prosseguiu em suas recordações:

— Promoveu então tenebrosos festins, iluminando os jardins palacianos com tochas humanas de pessoas que eram queimadas vivas. Corpos de cristãos eram embebidos em resina e azeite, atados aos postes, sendo em seguida ateado fogo, produzindo-se uma luminosidade mórbida e assustadora. Em contraste aos gritos lancinantes, lamentos de dor e ao cheiro de carne queimada, ouvia-se música de cítaras e alaúdes, enquanto Nero e sua corte palaciana se divertiam nos banquetes, embriagando-se com vinhos requintados de safras selecionadas. Tudo isso fez com que o Imperador se esquecesse momentaneamente da preocupação de traições palacianas, mas, por outro lado, a sede de sangue do tirano parecia não ter fim.

Recordei aqueles dias tristes da história humana. O exemplo inesquecível daqueles que souberam exemplificar e testemunhar, nos momentos mais dolorosos, que não temeram a morte pelo amor de Cristo, que ficará registrado para todo o sempre na memória do Cristianismo.

O instrutor prosseguiu:

— Havia muito descontentamento no Senado e na nobreza, mas o medo imperava no coração de todos. Apesar de tudo, existiam aqueles que não concordavam com aquela situação e, com cautela, esperavam o momento certo para agir. O ano 65 terminara de forma triste e melancólica, e o ano de 66 iniciava com as prisões ainda abarrotadas de cristãos. Os circos continuavam oferecendo o triste espetáculo enquanto o Imperador, inebriado pela popularidade, se sentia cada vez mais poderoso e autoritário. Entretanto, apesar da repressão violenta, o descontentamento aumentava, o que requeria muito cuidado e sigilo entre os revoltosos. Entre as vozes dissonantes, duas famílias muito amigas se preocupavam com o que estava acontecendo. Constantemente confabulavam sobre as dificuldades e o perigo que pairavam sobre a fronte de todos, diante dos acessos de loucura do Imperador. Sabiam que os cristãos eram inocentes e não concordavam com as atrocidades cometidas por Nero e seus seguidores. Caio Fabrícius e Cornélius Paulus eram senadores da ala conservadora e, sempre que podiam, manifestavam suas opiniões de forma cuidadosa e nem sempre concordantes com o Imperador, correndo iminente risco de desgraça. Nero ainda não havia tomado nenhuma atitude mais drástica, porque receava a reação dos membros mais antigos do Senado, mas ninguém poderia imaginar até quando o Imperador se conteria em seus desmandos e loucuras. Eram amigos de longa data, e suas residências estavam localizadas na região do Palatino. Constantemente passavam horas trocando idéias e, sobretudo, discutindo assuntos ligados à política e à situação que viviam. Numa tarde, no final do outono de 66, encontramos novamente os amigos em acalorado debate no *atrium*[9] da majestosa residência de Caio Fabrícius. As horas passaram rápido e, quando perceberam, já era noite. O Sol já havia se declinado por trás das grandes colinas e, apesar das sombras da noite, o calor ainda era

---

9. O segundo vestíbulo, nas casas romanas. (N.E.)

intenso, de forma que os dois amigos se levantaram, dirigindo-se ao peristilo[10] para melhor sentir o sopro da brisa noturna, enquanto comentavam os últimos acontecimentos.

– Estou extremamente preocupado com as extravagâncias de Nero. Fico me perguntando até onde irá em sua loucura? – dizia Caio pensativo. – Não podemos ignorar o que está acontecendo, pois todos sabemos que os cristãos são inocentes. Confesso que é muito difícil entender que seu líder morreu de forma ignominiosa em uma cruz e seus seguidores pregam o perdão incondicional a seus algozes, entregando-se sem nenhuma resistência à morte humilhante nas arenas.

– Concordo contigo, meu amigo – retorquia Cornélius. – Também para mim é difícil compreender qual o objetivo dessa nova religião. Por outro lado, também acho que Nero tem exorbitado em seus desmandos. Jamais poderia concordar com as atrocidades cometidas contra essas criaturas que me parecem totalmente pacíficas, inofensivas e indefesas.

– Mas quem teria neste momento coragem para se manifestar contra Nero? Lamentavelmente, nestes dias tão tristes para todos nós, vejo que os inescrupulosos e os espertalhões que alimentam as loucuras do Imperador se destacam cada vez mais.

– Tens razão, meu amigo. A cada dia que passa, vejo o prefeito se tornando mais poderoso e influente junto ao Imperador.

Caio Fabrícius ficou em silêncio meditativo. Sua fisionomia demonstrava toda preocupação que ia em sua alma quando declarou:

---

10. Galeria de colunas em volta de um pátio ou de um edifício. (N.E.)

— Preocupa-me que Nero esteja tão envolvido na influência maléfica de Tigelinus, que me parece mais perverso em suas maldades, deleitando o Imperador com suas sugestões descabidas.

— Lamentavelmente, temos de reconhecer que perdemos muito espaço e nossa influência é praticamente nula. Nero ouve apenas aquilo que lhe interessa, e Tigelinus está sempre atento para lhe oferecer alguma cabeça na bandeja. Não podemos esquecer que, para manter o poder a qualquer custo, não poupou nem sequer Sêneca, seu conselheiro e filósofo, nem Lucano, poeta pelo qual Nero nutria respeito e inspiração — comentou Cornélius, pesaroso.

— Isso é algo que me preocupa cada vez mais, pois Tigelinus não tem escrúpulos e Nero se compraz com suas idéias. Estou vendo a hora em que também vai arquitetar alguma trama para nos condenar. Constantemente, tenho me perguntado: até quando vamos suportar tudo isso? — replicou Caio Fabrícius.

O assunto era extremamente sigiloso diante do perigo que representavam idéias contrárias aos interesses do Imperador, e ambos não mais conseguiam disfarçar o desconforto e o descontentamento diante das arbitrariedades cometidas por Nero.

Por outro lado, ambos também viviam seus problemas familiares. Cornélius Paulus vivia um momento difícil em família. Marcus Vinícius, seu filho de apenas 19 anos, jovem de beleza ímpar e vigor físico inigualável, em uma viagem a Antium, contraiu uma infecção virulenta que aos poucos minou sua saúde. Recorreram a todos os recursos da medicina da época, mas os esforços foram em vão. O jovem definhava a olhos vistos, e a beleza, que ainda havia poucos dias irradiava de sua fisionomia alegre e vibrante, agora era apenas uma sombra sem vida estendida no leito de dor. A preocupação se manifestava na fronte do senador que não mais conseguia esconder sua tristeza diante da saúde precária do filho.

– Todavia, meu amigo – redargüiu Cornélius –, não bastassem as tribulações com os desvarios de Nero, também trago meu coração opresso de preocupação diante do estado de saúde de Marcus Vinícius. Ah! Meu amigo Caio, não existe dor mais intensa que a incerteza diante da fragilidade da vida. Há alguns dias, um terrível presságio tem rondado meu coração e em sonhos vejo que meu filho está morrendo. Para aumentar minha angústia, os médicos não conseguem debelar a moléstia e dia-a-dia vejo que o brilho de seus olhos está aos poucos se apagando. Confesso que tenho orado aos deuses, mas sinceramente não sinto minha alma confortada. Observo a imagem de Júpiter, que me parece insensível e frio, apenas uma estátua de mármore sem vida nem sentimento.

Caio Fabrícius observou o rosto do amigo que refletia o semblante de profunda tristeza e, à luz mortiça dos archotes, notou que seus olhos estavam marejados de lágrimas. Num gesto de solidariedade, abraçou comovido o companheiro de tantas lutas, naquele momento difícil de sua vida.

– Cornélius – ponderou Caio Fabrícius –, para mim, você é mais que um amigo, é um irmão querido por quem dedico a mais sincera amizade, meu sentimento de profunda estima e legítimo apreço. Sua dor é minha também e os laços de carinho e respeito que unem nossas famílias fazem com que eu veja Marcus Vinícius também como um filho. Selene, minha filha, está cada dia mais bela, apesar de seus 16 anos, o que alimenta meus anseios de um dia nossos filhos se unirem em matrimônio para consolidar nossa amizade. Por isso, sei o que se passa em seu coração. Confesso que também estou preocupado.

— Obrigado, meu amigo, porque você me compreende na condição de pai. Seu apoio e sua amizade representam muito e confortam meu coração aflito. Fico pensando: o que seria do ser humano se não tivesse o carinho e o afeto dos amigos verdadeiros? Pode parecer uma blasfêmia, mas confesso que neste momento prezo muito mais sua amizade que o respeito aos deuses, uma vez que, por minhas súplicas, tenho recebido deles apenas o vazio e o silêncio como resposta.

Caio Fabrícius segurou o amigo com as duas mãos pelo antebraço, num velho gesto de apoio típico dos romanos, para demonstrar seu apoio irrestrito. Em seguida, fez uma observação a título de comentário:

— Cornélius, gostaria de dizer-lhe algo que jamais diria se não fosse o momento de angústia e dor pelo qual atravessa. Todavia, peço-lhe que ouça de forma despretensiosa, uma vez que somos homens experientes, que não se deixam envolver nem se impressionar com fatos aparentemente inexplicáveis, nem em sentimentos místicos. Acho que não custa tentar, uma vez que, em relação à doença de seu filho, todos os recursos da medicina foram inúteis. Não quero dar demasiada importância a um fato ocorrido nem criar falsas expectativas por algo que possa acontecer. Por esse motivo, guardo minhas reservas em relação ao que vou lhe dizer, pois também perdi a paz de espírito e tenho vivido minhas tribulações durante noites de insônia, angústia e pesadelos medonhos.

— Caio, você é meu amigo, meu irmão, e nada poderia abalar meu sentimento de respeito à nossa amizade. Por favor, seja o que for, se é algo que pode trazer esperança a Marcus Vinícius, diga-me, por caridade!

Caio Fabrícius ficou pensativo por alguns instantes e expôs em tom de confidência um segredo que o torturava:

— Cornélius, em nome de nossa amizade, mais dia, menos dia eu lhe revelaria este segredo de qualquer forma. Ainda mais agora diante do problema de saúde de Marcus Vinícius. A verdade é que tenho entre a criadagem um servo de origem palestina por nome Acácio, que é cristão. Vitória Alba, minha esposa, tem por esse escravo um profundo respeito e tudo temos feito para protegê-lo de uma eventual prisão. Diante do perigo que tem campeado por todos os cantos, nós nos propusemos a manter segredo deste fato, evitando dessa forma, qualquer dissabor desnecessário à nossa família. Todavia, alguns fatos foram se sucedendo de forma imprevista que fugiram completamente ao meu controle. Hoje, sinceramente, não mais sei o que fazer. Lembra-se de Quinto Pláutius?

— Claro que me lembro. Não residia na região de Alba Longa? Mas não foi ele que faleceu há algum tempo vítima de um acidente no Campo de Marte?

— Ele mesmo, uma morte inesperada e estúpida que surpreendeu a todos, deixando sua esposa Licínia desolada. Após sua morte, Tamires, sua filha, foi aos poucos e de forma inexplicável definhando a olhos vistos, sem nenhuma manifestação de doença que justificasse o estado de apatia da jovem. Não mais dormia, tinha pesadelos, visões aterradoras, acessos de loucura e não mais se alimentava. Os médicos também não encontravam solução para aquele caso desesperador e dia-a-dia a filha de Quinto Pláutius se prostrava ao leito para não mais se levantar. A morte parecia irreversível, apenas questão de tempo. Foi quando minha esposa, Vitória Alba, esteve em visita à viúva de Quinto Pláutius acompanhada de Acácio, o servo que lhe falei. O desespero de Licínia era comovente diante da morte do esposo e do estado de saúde da filha. Acácio ouviu tudo em silêncio, com humildade, típico dos servos dedicados e atentos. No caminho de volta, pediu permissão à Vitória Alba para dizer que havia entre os cristãos um missionário oriundo da Palestina que realizava curas em nome de um Messias a quem chamavam de Jesus. Minha esposa não deu muito crédito às palavras do jovem servo. Entretanto, passados alguns dias, Acácio insistiu: "– Esta noite haverá uma reunião em que o homem que lhe falei estará presente. Eu lhe asseguro, minha senhora, que ele poderá curar a filha de sua amiga".

Continuou Caio Fabrícius:

– O tom de humildade de Acácio convenceu Vitória Alba, que procurou Licínia. Entretanto, o estado de Tamires havia piorado muito. A jovem não reunia condições físicas para se deslocar para lugar algum, além do que, a reunião ocorreria à noite, em lugar ermo, nas catacumbas mais distantes. Diante da dificuldade, Acácio se prontificou a conversar com o mensageiro para que ele pudesse fazer uma visita à residência de Quinto Pláutius. A verdade, meu amigo Cornélius, é que, apesar do perigo que corriam em virtude das perseguições e das prisões, com a aquiescência de Licínia, o missionário palestino visitou a residência de Quinto

Pláutius. Minha esposa, movida pela curiosidade, acompanhou a visita de Acácio e do missionário, a quem chamam de Nazário, e o que ela presenciou, naquela noite, impressionou-a profundamente. Quando se aproximou do leito onde a figura da jovem se confundia com as sombras do ambiente, os olhos mortiços da moça de repente ganharam vida e sua voz, que havia se calado havia tempo, de repente se manifestou de forma surpreendente. Vitória Alba ficou arrepiada quando a voz que saía da boca de Tamires adquiriu um tom sombrio e ameaçador. O missionário pediu oração a Acácio ao mesmo tempo que estendeu as mãos em direção à fronte da jovem sofredora. A voz que se manifestava era rouca, gutural e assustadora. Todos podiam constatar que, embora se manifestasse pela boca de Tamires, a voz não lhe pertencia, mas sim a alguma personalidade oculta que irradiava medo e maldade, prometendo vingança a toda família.

Prosseguiu ele:

— Dizia que já havia alcançado seu intento com a morte de Quinto Pláutius, em seguida levaria ao túmulo a jovem e depois seria a vez da viúva e quem mais viesse a interferir em seus planos. Vitória disse-me que o missionário Nazário não se intimidou diante das ameaças proferidas. Sua fisionomia irradiava paz e serenidade, falando com muito amor, mas também com firmeza e autoridade. Repreendeu a voz em nome de Jesus pedindo que fosse embora, deixando aquela família em paz. Então o que se presenciou foi simplesmente inesquecível, pois a jovem deu um grito medonho, para em seguida cair prostrada no leito. Nazário pediu um copo de água e orou com a mão sobre o copo. Em seguida, deu de beber à jovem desfalecida, que aos poucos se recuperou e, embora extremamente debilitada, com a voz quase que imperceptível, perguntou o que havia acontecido. Todos estavam impressionados ao observar que Tamires não se lembrava absolutamente de nada, como se aquele tempo todo não tivesse existido para ela. O primeiro sinal de que a cura estava se processando foi dizer que sentia muita fome e que desejava tomar um prato de sopa quente. O que mais causou admiração em tudo isso, Cornélius, é que Licínia desejou de todas as formas oferecer uma recompensa financeira ao missionário, mas ele recusou categoricamente todas as ofertas dizendo que dava de graça o que de graça havia recebido e nenhuma recompensa terrena se equiparava à que ele havia recebido do Mestre Jesus, a quem servia por amor. Desde então, a filha de Quinto Pláutius recuperou-se dia-a-dia, sem apresentar nenhuma seqüela de todo aquele estranho episódio.

Cornélius Paulus estava impressionado, ouvindo atentamente o relato do amigo.

– A verdade, meu amigo – prosseguiu Caio Fabrícius –, é que, após aquele dia, Licínia e Vitória Alba têm participado das reuniões secretas dos cristãos na companhia de Acácio. É com preocupação que lhe digo que minha esposa se converteu ao Cristianismo com minha filha Selene. Isso é algo que lhe confidencio, pois é meu irmão querido. No fundo, também sinto uma grande angústia em meu peito, porque não sei o que pode acontecer diante da sanha de Nero. Não tenho dormido bem à noite. Tenho pesadelos terríveis, em que vejo minha esposa e minha filha sendo sacrificadas no circo e trucidadas pelos leões famintos, e o povo gritando alucinado. Já conversei com Vitória Alba, mas me parece que não mais reconheço minha esposa, nem minha filha.

Continuou ele:

— Ambas se portam como se nada mais no mundo tivesse importância, apenas querem seguir os ensinamentos de Jesus e quando lhes digo que correm o risco de serem presas e sacrificadas nos circos, respondem que será o coroamento do testemunho em amor ao Mestre de quem Nazário fala em suas pregações. Quando elas se referem a esse Messias, seus olhos adquirem brilho e percebo que ficam emocionadas. Relatam fatos de milagres e curas admiráveis de pessoas perturbadas e portadoras das enfermidades mais crônicas e perigosas, realizadas por Nazário e outros missionários em nome de Jesus! Tudo isso me dá medo ao mesmo tempo que me causa admiração, pois tanto minha esposa quanto minha filha demonstram muita tranqüilidade e paz de espírito e se encontram em perfeito domínio da razão e do senso de equilíbrio.

Caio Fabrícius abaixou a fronte chorando emocionado. Grossas lágrimas desciam pelo seu rosto traduzindo o sentimento que feria sua alma.

— Digo-lhe com sinceridade, meu amigo — continuou Caio Fabrícius —, que preferiria ver minha esposa e minha filha doentes a seguirem uma crença que, para mim, neste momento, é estranha e incompreensível. Pressinto que isso não terá um final feliz e a cada dia percebo que me distancio mais e mais dos entes que mais amo nesta vida. Todavia, diante da dor que toma conta de seu coração em virtude da doença de Marcus Vinícius, ouso lhe dizer que não custaria fazer uma tentativa como a filha de Quinto

Pláutius, embora corra o risco de também, após a cura, ver você perder sua esposa e seu filho para essa nova seita que, mesmo com as perseguições e as mortes abomináveis, parece se multiplicar a cada dia que passa.

Cornélius Paulus também se apresentava emocionado diante do relato sincero do amigo.

– Caio, meu irmão querido, posso dizer-lhe que se tinha por você sentimentos de apreço e amizade, a partir de hoje, tudo isso se multiplica diante da confissão que fez. Apenas digo-lhe do fundo de meu coração reconhecido: se, para alcançar a cura de meu filho, devolver-lhe a a saúde e a alegria de viver, tiver que dar minha vida, dá-la-ei com satisfação, sem medo nem remorso. Por favor, faça-me a caridade de pedir a Acácio que leve à minha casa esse missionário que trouxe a cura à filha de Quinto Pláutius.

– Sim, meu amigo, hoje ainda falarei com Vitória Alba para que tome todas as providências necessárias.

As horas avançavam. Cornélius Paulus já havia se retirado, mas Caio Fabrícius ainda permanecera no peristilo admirando a abóbada celeste com seu manto negro cravejado de estrelas cintilantes. O senador apresentava-se preocupado e pensativo, quando alguém o abraçou carinhosamente. Era sua esposa Vitória Alba.

– Vamos entrar, meu querido! Acabamos de voltar de nossa reunião e gostaríamos que pudéssemos nos sentar à mesa, juntamente com nossa filha para cearmos. Venha. – Acariciou o semblante do esposo e percebeu que seus olhos estavam rasos de lágrimas.

O senador concordou com um sorriso.

— Sim, minha querida, vamos, porque hoje preciso conversar com você. Trata-se de algo extremamente importante para nossas vidas e de nosso querido amigo Cornélius e seu filho Marcus Vinícius.

Entraram. Naquela noite, conversaram muito, mas, para o orgulhoso coração do senador, educado na disciplina romana do poder temporal de César, tudo aquilo ainda era de difícil compreensão.

Capítulo 5

A verdade que liberta

Passava das 22 horas. As catacumbas que se estendiam ao lado da Via Ápia estavam lotadas. A temperatura apresentava-se mais amena, mas, no interior da gruta, o ar ainda estava abafado. O ambiente abobadado era iluminado por archotes embebidos em resina que deixavam espaços em suave penumbra; de qualquer forma, permitiam que as pessoas pudessem ter uma visão mais ampla de sua extensão.

Como de costume, já havia uma pequena multidão presente. À medida que as pessoas chegavam, posicionavam-se em círculo, deixando um espaço no meio da platéia, onde, naquela noite, Nazário haveria de trazer aos presentes a palavra do *Evangelho* de Jesus e realizar curas. Observava-se que o ambiente estava repleto de crianças, mulheres, homens, idosos de todas as condições, além de doentes e enfermos. A fisionomia serena dos presentes contrastava com o clima de perigo que os envolvia. As vestimentas e as atitudes traduziam a simplicidade e a humildade da grande maioria, que se portava com educação, respeito e carinho de uns para com os outros.

Caio Fabrícius e Cornélius Paulus estavam no meio do povo, preocupados por se encontrarem em um ambiente perigoso diante das circunstâncias. Vestiam roupas simples, de forma que não denunciassem a condição de patrícios romanos. Vitória Alba e Selene demonstravam estar completamente à vontade naquele meio, e Otávia, a esposa de Cornélius, não arredava o pé do lado do filho que, acomodado em uma maca, aguardava o momento em que Nazário pudesse atendê-lo. Sempre prestativo, Acácio observava o desconforto dos senadores e tentava tranqüilizá-los a respeito da reunião que começaria em poucos minutos.

No meio de tanta gente, Cornélius sentia algo intraduzível em seu íntimo. Estava inquieto, como se estivesse sozinho, isolado, apesar da multidão que o rodeava. Havia algo naquela atmosfera que não compreendia, deixando-o inseguro. Talvez fosse a angústia pela doença do filho, a insegurança pelas tormentas vividas nos últimos anos diante das atrocidades por ordem de Nero ou mesmo o medo diante de algo que desconhecia. Enfim, algo parecia tocar sua sensibilidade. Olhou para o filho adoentado e a filha de Caio Fabrícius ao seu lado. Notou que Selene estava se tornando uma moça de beleza ímpar. A simplicidade de seus trajes realçava sua beleza natural. A jovem, postada ao lado de Marcus Vinícius, acariciava seus cabelos e o jovem doente segurava suas mãos, retribuindo o carinho.

Naquele momento, apesar do ambiente estranho, da incompreensão do que ocorria em sua vida, aquele gesto de carinho entre os jovens teve um significado profundo, pois reavivou a esperança em seu coração, trazendo um sorriso momentâneo aos seus lábios. Cornélius fechou os olhos e sonhou com um futuro feliz: seus filhos casados, os netos e uma velhice sem sustos nem sobressaltos. Apenas um minuto, mas naquele minuto sonhou com um mundo mais promissor, de paz, amor e harmonia para todas as pessoas. Despertou repentinamente ao ouvir uma voz forte e ao mesmo tempo doce, suave e mansa que atingiu o recôndito profundo de seu coração:

– Irmãos em Cristo, que a paz do Senhor esteja convosco!

Como se retornasse de um torpor, o senador se deparou com aquela figura singular, que se postava no meio da platéia. Todos se curvaram em sinal de respeito, e Cornélius o observava atentamente. A figura o impressionou vivamente: notou tratar-se de um homem na casa de seus 70 e poucos anos, cuja aparência demonstrava um envelhecimento prematuro. Seus cabelos encanecidos pareciam uma névoa a coroar sua fronte. Suas longas barbas traziam a alvura da neve, emprestando um aspecto venerável à aparência do ancião, ao mesmo tempo que, apoiado em um cajado, revelava o corpo franzino e alquebrado, uma clara demonstração do peso dos anos. O rosto estava vincado pelas rugas que emolduravam sua fronte e seus olhos traduziam um brilho luminoso, irradiando uma energia desconhecida, surpreendente.

Era Nazário, o missionário de Jesus que, naquela noite, traria a mensagem da Boa Nova, por meio da palavra que ilumina e liberta as almas da escravidão da ignorância.

Quando o emissário do Cristo cumprimentou os presentes, muitos choraram emocionados. Cornélius também não resistiu. Seus joelhos se dobraram e o senador sentiu que uma emoção diferente invadiu seu coração, não conseguindo conter as lágrimas que romperam em seus olhos com abundância. Ficou frágil como uma criança, soluçando emocionado. Sentiu um abraço amigo que o confortava: era Caio Fabrícius que o amparava. Enquanto isso, a palavra do missionário soava vibrante e ecoava por toda caverna abobadada daquele ambiente improvisado das catacumbas romanas.

– Meus queridos e amados irmãos em Cristo – iniciou Nazário –, vivemos dias de tribulações. Quantos de nossos irmãos já não pereceram diante das perseguições impiedosas? Quantas mulheres, crianças e idosos foram sacrificados sem piedade nem comiseração, meus irmãos! Entretanto, Jesus nos ensinou que não deveríamos temer a morte, e ele mesmo nos exemplificou, sofrendo suplícios inimagináveis sem reclamar. Aceitou a coroa de espinhos sem protestar, abraçou a cruz que serviria para seu próprio suplício sem lamentações, abriu os braços e as mãos para receber os pregos que o feriam sem medo, sofreu os impropérios da multidão alucinada sem revolta e, no derradeiro instante, ergueu os olhos e ainda teve forças para abençoar seus algozes, rogando ao Pai que nos perdoasse, porque não sabíamos o que estávamos fazendo!

Prosseguiu o missionário:

– Ah, meus queridos e amados irmãos em Cristo, nosso inolvidável Mestre sofreu sem revolta nem lamentações, com coragem para nos exemplificar que Ele, justamente Ele, que não tinha nenhum pecado, sofreu a morte ignominiosa na cruz sem se abalar para nos deixar o exemplo inesquecível de que, quando amamos Deus de verdade, jamais devemos temer a morte. Esta noite também quero dar meu testemunho, meus amados irmãos! Também fui um homem ímpio e cruel, cuja única preocupação era o poder do vil metal que corrompe as mentes fracas e envilece os insanos, além de ser um publicano, um homem que emprestava dinheiro a juros extorsivos e depois cobrava dos devedores até o último ceitil. Quantas viúvas deixei na penúria e na miséria, quantos doentes desalojei de suas casas, quantas mães deixei na rua da amargura, quanta maldade pratiquei exigindo e executando meus direitos sem nenhuma contemplação, sem dó nem piedade! Quanto mais dinheiro acumulava, mais dinheiro desejava, mais desejo de poder, mais sovina me sentia. Todavia, apesar do poder que o dinheiro faculta, eu não era feliz. Não conseguia compartilhar nada com ninguém, não tinha uma companheira, nem amigos e sabia que era odiado por todos os que me conheciam.

Naquele instante, o missionário fez uma breve pausa. O silêncio era absoluto no ambiente. Nazário fechou os olhos e evocou em sua memória imagens que possivelmente haviam ficado eternizadas em sua lembrança. De seus olhos desciam lágrimas que molhavam seu rosto. As pessoas também choravam, emocionadas diante da narrativa de Nazário, que continuou:

– Aquele dia, quando me levantei, senti no ar alguma coisa diferente. Não sabia explicar, mas era como se eu estivesse prestes a encontrar algo que modificaria minha vida, que estava buscando, mas nem eu mesmo sabia o que era. Eu era um homem solitário. Como havia dado folga aos criados, apenas uma serviçal estava à minha disposição. Observei pela janela o dia iluminado por um Sol brilhante em um céu com poucas nuvens. O calor era intenso. Depois do almoço, deitei-me em uma rede para repousar, mas aquela sensação de inquietação me envolvia. Apesar disso, adormeci por algum tempo em um sono repleto de sobressaltos e pesadelos. Depois do descanso, fui dar uma volta pela praça, que, naquele momento, estava vazia. Onde se encontrava o povo? Movido pela curiosidade, procurei saber o que estava acontecendo quando encontrei um velho amigo, que comentou algo que mexeu comigo. Não soube explicar por que, mas, quando ele me disse que naquela tarde, por ordem de Pilatus e por intrigas do Sinédrio, iriam crucificar um nazareno, senti um estremecimento. Movido por uma força estranha, decidi acompanhar o suplício. Já haviam ocorridos tantos anteriormente, mas jamais tivera interesse por aquelas execuções, embora muitas pessoas se divertissem ao ver malfeitores sendo supliciados na cruz. Entretanto, naquele dia, um sentimento estranho me dizia que era um acontecimento diferente dos demais, algo que mexia com meus sentimentos ocultos, despertando meu interesse.

Continuou sua narrativa:

– Caminhei em passos rápidos em direção ao Gólgota. Quando lá cheguei, aos poucos fui buscando espaço entre a multidão irada, que proferia impropérios e palavras de baixo calão. A multidão é inconseqüente e insana, meus irmãos, aqueles que blasfemavam contra o Mestre eram os mesmos que alguns dias antes o haviam recebido com louvores em sua entrada triunfal em Jerusalém. Agora, se não fora pela proteção dos centuriões romanos, seriam capazes de agredi-lo com violência e sem piedade. Quando consegui me aproximar até a proteção dos soldados, pude observar a figura do Divino Amigo – visão que jamais haverei de apagar de minha memória, meus irmãos! Jesus estava com a cabeça abaixada; uma coroa de espinhos cingia-lhe a fronte e o feria, espalhando gotas de sangue que emolduravam seu rosto. O corpo semidespido exibia as marcas causadas por açoites cruéis. O Divino Amigo demonstrava o cansaço da dura caminhada carregando a pesada cruz, sua derradeira companheira material. Entretanto, o que mais me impressionou foi que, apesar do sofrimento, Jesus apresentava um semblante sereno, contrastando com a infinita tristeza que irradiava de seus olhos.

Prosseguiu:

– Ah, meus irmãos, aquele foi um momento singular em minha vida, que modificou todos meus conceitos e transformou o homem velho que habitava meu coração. Eu estava olhando para o Mestre quando ele voltou seu olhar e seus olhos fitaram os meus. Fiquei mudo, petrificado e sem ação, porque naquele momento, senti que seu olhar era indevassável, perscrutando todos meus pensamentos e sentimentos. Senti-me desnudo espiritualmente diante do Mestre, ao perceber que Ele conhecia minha natureza e tudo o que ia no mais secreto do meu pensamento, sem nenhum julgar ou condenar. Perplexo e comovido, percebi que Jesus falava comigo em pensamento. Podia ouvi-lo na acústica da minha alma a me dizer no silêncio do meu coração com sua voz serena e cheia de brandura: "– Siga-me!". Aquela voz silenciosa ecoou no meu íntimo, cheia de amor e poder, e não me contive: curvei meus joelhos e chorei copiosamente, porque, naquele instante, descobri que havia encontrado o que a vida toda havia procurado! Era o amor de Jesus que brotava no fundo da minha alma, que estremecia todo meu ser, que me trazia um sentimento até então desconhecido!

E o emissário continuou sua narrativa:

– Com os olhos enevoados pelas lágrimas, observei que o Mestre não oferecia absolutamente nenhuma resistência. Sem um lamento sequer, deixou que o pregassem no madeiro doloroso. As marteladas soaram de forma dolorosa, e os pregos penetravam as mãos e os pés do Mestre! Quando ergueram a cruz, pude observar seu rosto. Novamente, meus olhos encontraram-se com os do Mestre. Diante de tanta maldade, gritei revoltado em pensamento: "– Malditos, por que fazem isto?" Novamente, a doce voz silenciosa se manifestou em minha mente dizendo: "– Perdoe!" Como perdoar tanta maldade? – perguntei. "– Com amor!" – respondeu-me silenciosamente o Mestre. Como perdoar e amar pessoas tão cruéis e impiedosas? – questionei em meus pensamentos. Novamente a voz do Divino Amigo se fez ouvir amorosa na acústica de minha alma: "– Conhecendo a verdade! Conheça a verdade e a verdade te libertará!" Ah! Meus amados irmãos, eu não suporto mais ver o sofrimento do Mestre que, apesar da serenidade aparente de seu semblante, sabia que estava sofrendo muito, por todos nós!

A lembrança de momentos tão caros e solenes fez o missionário interromper momentaneamente sua narrativa para enxugar as lágrimas que desciam por sua face. A multidão soluçava emocionada.

— Ah, meus amados irmãos em Cristo! Hoje posso dizer que não sou digno das bênçãos recebidas, mas posso lhes assegurar que o sentimento do amor é tudo!

Continuou sua explanação:

— Acabara de conhecer o Mestre exatamente no momento final de sua existência terrena. Como não suportava mais a tortura e o sofrimento do Divino Amigo, em prantos abandonei aquele palco de dor e tormentos inomináveis. Até então azulado, o céu cobriu-se de nuvens escuras como a dizer ao ser humano a brutalidade e a estupidez que acabara de cometer. Caminhei sem sentido nem direção por dias a fio, sentindo-me desorientado por não compreender o porquê de tanta insensibilidade. Justamente eu, que jamais havia me importado com sentimento algum, sentia-me abalado em meu íntimo! Minha vontade era chorar, como se as lágrimas e o pranto pudessem trazer-me alívio. No fundo, sentia que aquele homem havia sido sacrificado também por meus pecados! Assim caminhei por dias sem direção como um dementado. Ao cabo de quatro dias, recordei uma das frases do Mestre que agora ecoava vibrante, firme e solene em minha mente: "— Conheça a verdade! A verdade te libertará!" Sim, pensei comigo mesmo, num laivo de lucidez! Precisava conhecer a verdade, precisava conhecer os ensinamentos de Jesus! Mas como? Resolvi retornar a Jerusalém e procurar os seguidores do Mestre. Não foi tarefa fácil, pois seus discípulos, temerosos de represálias, encontravam-se escondidos. Voltei para minha residência, mas minha transformação era irreversível. Procurei me desfazer de todos meus bens, distribuindo-os entre meus servos e os miseráveis. Meu objetivo estava claro e definido em minha vida: conhecer a verdade e seguir os ensinamentos do inolvidável Mestre!

Prosseguiu ele:

– A notícia de minha loucura logo se espalhou. Aqueles que me odiavam não se fizeram de rogados para manifestar suas antipatias diante de minha aparente fragilidade! Passei a dormir nas ruas, fui escorraçado, apedrejado e objeto de brincadeiras jocosas. Tornei-me um maltrapilho que perambulava sem sentido pelas ruas, irreconhecível, entre crises de choro e alucinações, em que me via crucificado. Mais de um ano transcorreu e ninguém mais se importava comigo. Sobrevivia porque sempre havia uma alma piedosa que me oferecia um prato de comida. Extremamente fragilizado, segui por um caminho sem nenhuma direção. Ah, meus irmãos, aquele dia também jamais esquecerei! Extenuado, cansado, doente e enfraquecido, observei, no meu caminho, o movimento de pessoas ao redor de uma casa, que era singular e pintada de branco. Parecia, à minha visão, que irradiava suave luminosidade, como uma alucinação em razão de meu precário estado de saúde! Tentei me aproximar dela, mas tudo escureceu e nada mais vi, totalmente inconsciente. Quando acordei, estava em uma cama simples, coberto com lençóis alvos, em um pequeno quarto ao lado de outros pacientes. Meu estado parecia ser o mais preocupante, pois, tão logo despertei, uma figura inesquecível se aproximou e me cumprimentou: "– A paz de Jesus, meu irmão!"

Disse ele:

— Aquelas palavras soaram docemente, fazendo-me recordar o olhar do Mestre que eu jamais haveria de esquecer. Observei atentamente a figura do meu benfeitor. Contrastando com sua rude fisionomia de homem acostumado aos duros embates da vida, seus olhos irradiavam bondade e amor! Seus gestos eram suaves e suas palavras transmitiam energia e paz! Percebi naquele instante que me encontrava diante de um dos discípulos do Mestre. Com a voz debilitada, respondi à saudação, com alegria incontida: Que a paz de Jesus também esteja contigo, meu irmão! Onde estou? Quem é você? Então ele me respondeu: "– Você foi acolhido na Casa do Caminho. Nós somos os discípulos de Jesus de Nazaré! Estamos aqui para atender os necessitados, os desesperados, os doentes e os desvalidos, como nosso querido Mestre nos ensinou. Meu nome é Pedro".

Com os olhos em lágrimas, Nazário fez uma breve pausa e prosseguiu em seu depoimento:

— Ah, meus amados irmãos, aquele foi o dia mais feliz de minha vida! Senti que meu coração regozijava de júbilo. Finalmente havia encontrado os seguidores de Jesus para aprender e compreender a palavra que liberta. E assim aconteceu! Bem alimentado e com o coração tomado por um júbilo intenso, a doença cedeu e, em poucos dias, senti-me completamente restabelecido! Diante de meu interesse, Pedro ofereceu-me os pergaminhos que continham os apontamentos de Levi, sobre os quais me debrucei, lendo com sofreguidão de um sedento que encontra uma fonte de água cristalina! Guardei cada uma de suas palavras, encontrando em cada ensinamento a figura inesquecível e a presença marcante do Divino Mestre. Pedro foi um amigo querido, um mestre dedicado, um instrutor zeloso que me orientava e me esclarecia as dúvidas que me inquietavam o espírito. A partir de então, meus amados irmãos, tenho procurado seguir as pegadas de Jesus com os discípulos da primeira hora. Tenho sofrido toda sorte de perseguições e provações dolorosas, mas o Mestre nos fortalece sempre na fé, e meu coração sempre se regozija quando sou chamado a testemunhar em nome do Divino Amigo!

E o emissário continuou:

— Recordo sempre que, diante de Cristo, ainda sou um servidor menor. Apesar de minha insignificância, Ele sempre tem me contemplado com graças insuperáveis. Perante as situações mais difíceis, os tormentos mais dolorosos, as provações mais duras, vem-me à lembrança o olhar do Divino Mestre naquele instante supremo de dor e aflição pelo qual passou. Apesar de tudo, por meio de seu perdão incondicional, Ele demonstrou quanto nos amava. Nesta caminhada, sinto-me um privilegiado quando estendo as mãos em nome de Cristo e devolvo a saúde aos enfermos. Meu coração se enche da alegria mais pura quando, em nome do Divino Mestre, restituo o equilíbrio a irmãos perturbados. Minha alma se regozija quando, em nome do Divino Amigo, levo a palavra que me iluminou e libertou a outros irmãos, para que não temam a morte, não esmoreçam diante das tribulações, nem desanimem perante as dificuldades e que se fortaleçam ainda mais diante das provações e testemunhos que teremos que dar em nome do Cristo Jesus!

Toda platéia estava envolvida pelo magnetismo daquelas palavras proferidas com emoção, momentos inesquecíveis vividos por aquele arauto de Cristo. Muitos soluçavam comovidos, outros enxugavam discretamente as lágrimas que desciam dos olhos, alguns simplesmente permaneciam de cabeça baixa em sinal de respeito e carinho pelo venerável apóstolo.

Cornélius, ao lado do filho e do amigo Caio Fabrícius, estava impressionado com a eloqüência da oratória daquele homem humilde de aparência modesta. Aquelas palavras tinham forte apelo emocional. Além de tocarem nas fibras mais sensíveis de sua alma, irradiavam muita energia, contrastando com a figura franzina e alquebrada do apóstolo.

Depois de breve pausa, Nazário levantou o semblante para o alto, como se fitasse algo no espaço que apenas a ele era dado ver, e sua voz soou em forte entonação emotiva. Naquele ambiente de suave penumbra, impressionando a todos, seu rosto parecia irradiar suave luminosidade.

– Jesus, Divino Amigo, Mestre Amado de todas as horas! Vivemos dias de dor, tormentos, perseguições, e muitos de nós seremos chamados para o doloroso testemunho! Sentimos que nosso coração não se atemoriza diante da brutalidade, porque nos deu o exemplo inesquecível da cruz no instante supremo em que nos perdoou, apesar de nossos erros clamorosos! Mostrou-nos a coragem diante da morte, porque aquele que está Contigo jamais haverá de temer o que quer que seja, pois aquele que morre em sua graça terá a recompensa da vida eterna! Irmãos amados, aqueles que forem chamados ao testemunho, sintam o coração cheio de alegria e cantem louvores, porque o Senhor estará com cada um no instante derradeiro. Ele estará sempre conosco e enxugará cada lágrima vertida em seu nome, cada sofrimento será recompensado em sua glória. Ele nos cobrirá com seu manto de amor e misericórdia e nos conduzirá ao seu sagrado redil, como sublime pastor conduzindo suas ovelhas. Oh, Divino Mestre, esteja conosco nos momentos difíceis, dê-nos forças e coragem, estenda-nos as mãos sacrossantas, afague-nos a fronte, abrace-nos de encontro ao seu peito amoroso, toque-nos com seu cajado e nos levante para que possamos ser dignos de ser chamados de filhos de Deus!

Nazário havia concluído sua exortação, e o público chorava emocionado. Sem exceção, todos os presentes sentiam-se profundamente tocados diante daquelas palavras que traduziam um novo conceito de vida para os Caio e Cornélius, que permaneceram emudecidos por alguns instantes, como se cada palavra ainda ecoasse em suas almas.

Enquanto isso, formou-se longa fila, permitindo que cada circunstante se aproximasse do apóstolo de forma ordeira. As horas avançavam, mas o apóstolo parecia ser portador de uma energia extraordinária. Atendia cada um pacientemente, exibindo um sorriso nos lábios. Ouvia queixas, orientava, abençoava, animava, afagava os cabelos das crianças e beijava as mãos de cada um.

Quando chegou sua vez, impressionado, Cornélius olhou nos olhos do apóstolo e não resistiu. Sentiu que seus joelhos vergavam. Ajoelhou-se, abaixou a cabeça e chorou emocionado, e Nazário estendeu as mãos sobre sua fronte e falou amorosamente:

– Que a paz de Jesus esteja em seu coração, meu filho! A dor que o atormenta é na verdade um chamamento do Mestre para que abra seu coração e dê espaço à verdade que liberta, ao amor que sublima e à fé que eleva. Tenha coragem, abra seu coração, fale o que está em seu íntimo, vença suas próprias dificuldades íntimas e renove-se no amor do Cristo que nos conduz à glória e à salvação.

Entretanto, Cornélius não conseguia proferir nem uma palavra sequer, diante do pranto que parecia explodir em seu peito. O apóstolo prosseguiu:

— A angústia por um filho doente é a maior que existe para um pai em desespero. Traga-me seu filho!

Auxiliado por Selene, Cornélius trouxe Marcus Vinícius à presença do apóstolo. Até aquele instante, o jovem enfermo parecia em estado de prostração, mas, como que sob o influxo de alguma força superior, pareceu recobrar o ânimo. Nazário estendeu a mão direita sobre a fronte do rapaz, fechou os olhos em profunda concentração mental fazendo suaves movimentos rítmicos sobre a região do coronário, cardíaco e do gástrico. O apóstolo parecia em estado de oração silenciosa, buscando na espiritualidade recursos necessários ao restabelecimento da saúde de Marcus Vinícius. Impressionado, Cornélius notou que seu filho transpirava abundantemente. Suas faces cobriam-se de suave palidez. O atendimento ao filho de Cornélius demandou algo em torno de dez minutos. Em seguida, Nazário abriu os olhos estendendo as duas mãos sobre a fronte do rapaz, concluindo com breves palavras:

— Que Jesus, o Divino Amigo, o abençoe, meu filho. Você ainda terá importante missão a cumprir nesta existência. Na verdade, sua doença foi apenas um chamamento para as verdades eternas, que libertam a criatura humana do emaranhado dos enganos da vida mundana! Você terá a oportunidade do trabalho e dos testemunhos na estrada que levam ao Cristo Senhor!

Diante daquelas palavras, Cornélius estremeceu. Tudo o que ouvira o havia impressionado profundamente, mas, naquele momento, a palavra testemunho enchia seu coração de inquietação.

O apóstolo pareceu ler seus pensamentos, pois voltou-se para o pai de Marcus Vinícius e proferiu palavras que calaram fundo em sua alma:

– Nada tema meu irmão, porque Cristo nos liberta de todo medo, nos fortalece nas dificuldades, nos levanta quando caímos, nos sustenta quando fraquejamos, nos ampara diante do mal, nos guia pelas veredas do bem quando nos perdemos, nos carrega em seu seio quando não mais conseguimos andar! Nada tema, porque Ele, apenas Ele nos elevará às glórias eternas, libertando-nos dos pesados liames da ignorância que nos atrela à escravidão do poder temporal da matéria! Viva com alegria em Cristo, porque o amanhã a Deus pertence. Vá em paz, seu filho se restabelecerá para a verdadeira vida.

Após proferir essas palavras, o apóstolo abençoou com um gesto de carinho cada um dos presentes. Ainda perplexo e assombrado, Cornélius se afastou, e Nazário prosseguiu no atendimento aos demais presentes.

Ao deixar a gruta, ainda em estado de profunda emoção, o senador debruçou-se sobre a liteira onde se encontrava Marcus

Vinícius e beijou o rosto do filho. O doente então balbuciou algumas palavras que soaram estranhas a seus ouvidos.

— Ah, papai, o senhor não imagina a visão que tive quando aquele homem colocou as mãos sobre minha cabeça! Eu vi que de suas mãos irradiava uma luz muito intensa, que circundava todo meu corpo em suave calor que me restituiu as energias. O rosto daquele homem era todo envolto em uma luz suave. Do alto, uma luz amarelada, de forma circular, envolvia sua cabeça. Ah, papai, tive uma visão muito linda!

— Meu filho, você está doente. Acho que está em estado de muita sensibilidade. Sua visão certamente não passou de um delírio.

As pessoas presentes permaneceram silenciosas, mas Marcus Vinícius sorriu meneando negativamente a cabeça diante da afirmativa do pai.

— Ah, papai, pode ser que a doença me enfraqueceu e que esteja muito sensível! Mas tenho convicção de que não foi delírio.

Apesar de sua descrença, o senador endereçou um último olhar ao benfeitor, enquanto Nazário ainda abençoava os presentes. Sentiu um estremecimento, pois pareceu-lhe também distinguir suave luz que descia do alto na direção da cabeça do apóstolo. Cornélius sacudiu a cabeça, e a visão desapareceu de seu campo de percepção. No fundo, não sabia mais o que pensar a respeito de tudo que presenciara.

De retorno à sua residência, a comitiva seguia em silêncio, parecendo que cada qual desejava meditar sobre o aprendizado e reter, por mais tempo possível, as imagens e as palavras daquela noite memorável.

As estrelas cintilavam no firmamento, e uma suave brisa soprava sobre o rosto de Cornélius, que lutava contra sentimentos conflitantes que digladiavam em seu coração. Estava feliz por perceber que seu filho já dava demonstração de melhoras. Com isso, sentia que a paz invadia seu íntimo. Entretanto, temia pela palavra que ouvira com freqüência no discurso do apóstolo: testemunho. Em seu entendimento, a filosofia pregada por Nazário trazia em seu bojo um encantamento, algo inexplicável, envolvente, mas que exigia pesado tributo de seus seguidores, que tinham que dar o testemunho com a própria vida. Como compreender coisas tão conflitantes?

Os dias passaram depressa, e Marcus Vinícius recobrou a saúde, o viço e a alegria de viver. A presença de Selene e Vitória Alba na residência de Cornélius era constante. A amizade que unia aquelas famílias se tornava cada vez mais sólida. O senador via com alegria e bons olhos a proximidade entre Selene e Marcus Vinícius. Por outro lado, observava preocupado que tanto sua esposa Otávia quanto seu filho estavam definitivamente envolvidos por aquela seita estranha ainda incompreensível a ele. Sentia-se feliz ao ver o filho novamente recuperado em seu vigor físico, sua alegria e jovialidade como se jamais estivera doente. Entretanto, sentia no fundo do coração um sentimento estranho, uma sensação indefinível de insegurança e medo que não sabia explicar.

Seu coração era agradecido ao benefício recebido, mas inquietava-se com as atitudes da esposa e as modificações do filho. Recordava o estado de angústia do amigo Caio Fabrícius, chegando à conclusão de que agora ambos tinham as mesmas preocupações.

Uma tarde, ao sair do vestíbulo, encontrou no *triclinium*[11] a esposa e a amiga conversando animadamente, e Marcus Vinícius e Selene passeavam pelo jardim. Aproveitou a oportunidade para cumprimentar a esposa de Caio Fabrícius.

– Vitória Alba, minha querida amiga, como vai? Por que Caio não nos deu o prazer de sua visita hoje?

A amiga sorriu com alegria e respondeu ao cumprimento do senador.

– Estamos todos bem, Cornélius. Aliás, muito felizes. Vemos que Marcus Vinícius recuperou a saúde, com a graça de Deus! Quanto a Caio, preferiu descansar um pouco, possivelmente à noite virá nos buscar e fazer-lhe uma visita.

– Será uma alegria muito grande recebê-lo. Ah, minha querida amiga, a amizade que nos une é algo que me dá muita satisfação. Vocês sabem o profundo carinho, a estima e o apreço sincero que sentimos por vocês.

– É o que ainda há pouco comentava com Otávia, não é mesmo, minha amiga?

– É verdade – concordou Otávia –, até comentamos uma das coisas que nos daria muita alegria em nossas vidas: o casamento de nossos filhos seria uma aliança perfeita, pois estreitaria ainda mais os laços sagrados que unem nossas famílias.

---

11. Na Roma antiga, refeitório com três (ou mais) leitos inclinados dispostos em redor de uma mesa. (N.E.)

Cornélius concordou com um sorriso, afastando-se pensativo diante das palavras da amiga em direção ao *atrium*. Sim – pensou consigo mesmo –, não haveria maior alegria que ver as famílias estreitarem seus laços de amizade com o casamento de seus filhos. No silêncio meditativo, enquanto observava no jardim a alegria dos jovens, sentia uma sensação estranha e indefinível. Tudo parecia ter voltado aos devidos lugares, mas uma angústia apertava seu coração.

Acomodou-se em uma confortável cadeira e observou as nuvens que toldavam o céu, enquanto o Sol declinava no horizonte tecendo caprichosos raios, que espargiam luzes douradas por trás das colinas.

Adormeceu com um sorriso nos lábios, ouvindo o riso alegre dos jovens entretidos em seus folguedos no grande jardim da mansão do senador. Entretanto, seu sono foi perturbado por estranhos presságios e pesadelos. Acordou com o coração sobressaltado, notando que já era noite e as estrelas cintilavam no firmamento.

Capítulo 6

Conflitos e tribulações

As perseguições continuavam violentas e sem tréguas. Ao contrário do que se poderia imaginar, o martírio nos circos romanos multiplicava o número de adeptos do Cristianismo que não temiam o sofrimento, enfrentando a morte com cânticos incompreensíveis para os romanos e com formidáveis testemunhos por amor ao Cristo. Os porões da prisão Marmetina estavam abarrotados, fazendo com que Nero exigisse de seus comandados novos espetáculos, com mais novidades para entretenimento do público, que delirava nos festins dos horrores, do *pão e circo* prometidos pelo Imperador tresloucado, espetáculos cruéis realizados no Coliseu naqueles dias tão tristes da história da humanidade.

As apreensões de Cornélius eram justificadas. Da mesma forma como testemunhara a cura milagrosa de seu filho querido, assistia agora impotente à mudança de comportamento de sua família que já não mais disfarçava a conversão ao Cristianismo.

O senador já não tinha paz de espírito ao notar que, em determinadas noites, seu filho e esposa se ausentavam na companhia de escravos, retornando altas horas. A verdade é que Cornélius sabia o destino de seus entes queridos, mas temia a própria verdade. Numa noite, resolveu esperá-los no *atrium* para uma conversa séria e definitiva.

Passava das duas horas da manhã quando o grupo chegou. Otávia surpreendeu-se ao ver o esposo em pé na ante-sala do *atrium*. Ela ficou momentaneamente sem reação, entretanto quem se manifestou de forma espontânea foi Marcus Vinícius.

– Boa noite, papai, ainda acordado a estas horas?

– Sim, meu filho, esperando o retorno de vocês.

Otávia notou a fisionomia severa do senador, concluindo que aquela conversa seria extremamente difícil.

– Filho, vá para seu quarto que quero conversar com seu pai a sós.

– Não, mamãe, este assunto é de extrema importância e me interessa diretamente. Gostaria de participar da conversa.

Cornélius parecia surpreso diante da firme atitude manifestada pelo filho querido.

– Se seu pai não se importar...

– Claro que não, aliás, acho bom que você participe, Marcus Vinícius. Você é meu único filho, e o interesse nos envolve a todos indistintamente.

Por alguns segundos, fez-se pesado silêncio entre os componentes da família de Cornélius Paulus. Por fim, com sua voz grave e pausada, fez seu questionamento:

– Não precisam me dizer nada, pois já tenho conhecimento do que está acontecendo. Apenas quero perguntar-lhes: vocês têm consciência do risco que estão correndo e do sofrimento que me causam?

Otávia fitou os olhos do esposo cheios de lágrimas. Com voz embargada, respondeu:

– Sim, meu querido esposo, temos a mais perfeita consciência do risco que estamos correndo, mas não gostaríamos que sofresse tanto, uma vez que hoje não temos mais nenhum temor que qualquer mal deste mundo venha nos afligir, pois nossa alma encontra-se liberta e iluminada nas claridades de Cristo, nosso Salvador. Se por acaso alguma coisa nos acontecer, não se lastime, meu querido esposo, porque este será nosso dia de glória. Apenas acho que ainda não fizemos por merecer dar o maior testemunho por amor ao Cristo, o que outros companheiros já fizeram. E se isso acontecer algum dia, não chore, não se aflija, não se desespere, apenas se alegre porque será o dia de nossa redenção. Temos orado muito por você, meu esposo, pedindo a Jesus que o abençoe, o ilumine e o inspire para que também possa despertar para as claridades do Cristianismo, mas acho que você ainda não está preparado apesar de ter testemunhado a cura milagrosa de nosso filho.

Cornélius parecia aturdido com as palavras da esposa. Em sua opinião, ela havia enlouquecido de vez ao dizer aquelas palavras, para ele sem nenhum sentido. Tentou questionar:

– Para mim, é difícil entender a loucura dos seguidores deste Cristo, que morreu de forma inglória em uma cruz e que parece não se importar que tantas vidas pereçam. Como querem que eu possa entender? Saber que podem ser aprisionados e lançados aos espetáculos perversos de Nero? Ver minha esposa e meu filho serem trucidados pelas feras nos circos? Acham que foi por isso que lutei toda minha vida e enfrentei desafios e perigos? Como podem imaginar que diante da possibilidade da morte violenta e prematura de vocês eu possa me alegrar? Vocês podem ter enlouquecido, mas eu continuo no perfeito domínio da razão. Não é possível que este Cristo de quem tanto falam e veneram possa amá-los e ao mesmo tempo desejar que morram para provar seu amor! Como poderia compreender uma coisa dessas? Por favor, digam-me que isso não é verdade, que tudo não passa de uma fantasia e que vocês não mais retornarão aos encontros naquelas catacumbas empoeiradas...

As últimas palavras proferidas pelo senador romano traduziam a angústia que se instalara em seu coração. Ficou com voz embargada pela emoção e com olhos cheios de lágrimas, que desciam pelo rosto. Otávia abraçou-o carinhosamente acariciando sua fronte e beijando o rosto do esposo.

Marcus Vinícius, que sempre vira na figura do pai uma presença forte, naquele instante sentiu abalar suas estruturas íntimas ao perceber que seu pai também tinha sentimentos e chorava. Com sublime inspiração contida em profunda emoção, abraçou também seu genitor e respondeu:

– Papai, por favor, não chore. Sabemos que o senhor ainda tem dificuldade para compreender Cristo! Na verdade, Cristo é amor, é bondade, é perdão, é humildade, é alegria e aprendemos com Ele que a vida é leve, bela e suave. Ele foi nosso salvador, que veio ao mundo para nos trazer a Boa Nova, a palavra que liberta, ilumina e esclarece. Jesus nos amou profunda e indistintamente a ponto de entregar sua própria vida para nos salvar! Por favor, papai, não chore, nem tema, pois Jesus Cristo jamais pedirá cota de sacrifício maior que nossas forças, nem exigirá aquilo que ainda não podemos suportar. Quando mamãe falou na glória de morrer por Cristo, eu confesso que ainda não me considero merecedor, nem tenho elevação espiritual para tal sacrifício! Muitos de nossos companheiros de fé, santificados nas duras provações da vida, não temem a morte pelo amor de Cristo. Confesso-lhe, papai, que, embora deseje ardentemente dar meu testemunho de amor ao Cristo, ainda estou distante desse desprendimento.

Em lágrimas, Cornélius olhava seu filho com admiração. Suas palavras traduziam conhecimento e maturidade. Ao ouvir o filho, parecia-lhe estar à frente de um ancião, de um sábio e não simplesmente de seu filho querido, que um milagre havia arrancado dos braços da morte. O senador tentou falar, mas sentia um nó na garganta, que embargava sua voz. Marcus Vinícius prosseguiu:

– Também tenho pensado muito e conversado com mamãe sobre nossa situação e os perigos que corremos constantemente. Conviver com nossos irmãos de fé tem nos dado muita alegria e aprendizado a respeito da vida e de Deus. Confesso que, sem o entendimento do *Evangelho* de Jesus, a minha vida não teria nenhum sentido! Desde aquela noite em que recebi das mãos de Nazário a graça de Jesus, compreendi que aquele seria o meu caminho, como se encontrasse algo que já conhecia de outras eras! Por outro lado, sinto que tenho vivido um momento muito especial, pois Selene e eu nos amamos, e o amor do Cristo nos uniu! Gostaria de casar-me, ter filhos, educá-los nos princípios do Cristianismo e viver na alegria que Jesus nos ensinou! Tenho conversado com Nazário, que me disse que o Mestre apenas nos pede que nos amemos uns aos outros como ele nos amou!

O senador ouvia as palavras de seu filho querido entre comovido e respeitoso! Naquele momento, parecia-lhe que uma luz de entendimento começava a se fazer presente em suas antigas convicções das crenças dos deuses frios de mármore. Mais calmo, conseguiu finalmente expressar seus pensamentos em palavras bem articuladas.

– Obrigado pelo esclarecimento, meu filho! Ainda estou distante da compreensão de tudo isso, mas me sinto mais aliviado com suas palavras! Todavia, a sanha de Nero e Tigelinus continuam, e as prisões têm sido freqüentes. A qualquer momento, vocês estarão sujeitos a ser aprisionados, inclusive Selene e Vitória Alba. Depois de tudo que ouvi, não me considero com autoridade para pedir-lhes que mudem suas convicções religiosas, mas peço-lhes encarecidamente que deixem de freqüentar as reuniões, apenas por alguns dias, até que eu e Caio Fabrícius encontremos uma solução adequada, de forma que os riscos sejam minimizados. Fariam isso por mim? – concluiu o senador.

Foi Otávia quem respondeu, abraçada ao marido.

– Cornélius, meu querido esposo, nosso filho conseguiu traduzir com poucas palavras todo nosso sentimento. Nazário disse que Marcus Vinícius tem muita inspiração, com o que concordo, pois realmente o que ele disse é também o que sinto.

Cristo quer que nos amemos com alegria e desprendimento. Isso inclui você, que é meu esposo e pai de nosso filho! Como gostaríamos que compreendesse e seguisse os passos do Mestre Nazareno. Sabemos que tudo tem seu tempo, como nos ensina Nazário! Corremos sério risco, mas a satisfação de participar das reuniões com nossos irmãos do *Evangelho* de Jesus nos traz tanta alegria que consideramos os perigos segundo plano. Mas você tem razão! Fale com Caio. Precisamos encontrar uma solução satisfatória para nossas famílias, pois vivemos um momento muito especial. Marcus e Selene estão apaixonados e unidos na fé das convicções mais puras do Cristianismo. Acho que, para todos nós, essa união em laços santificados de amor sincero será o corolário de nossa existência. Vale a pena buscar uma forma segura de seguirmos os ensinamentos do Mestre Jesus, que nos trouxe um novo sentido para a vida.

As horas avançavam. Emocionados, os membros da família de Cornélius Paulus se abraçaram e se retiraram para seus aposentos, envolvidos em suaves vibrações de amor e esperança.

No dia seguinte, na primeira hora, Cornélius partiu em busca da residência de Caio Fabrícius, que estava no peristilo. Tão logo avistou a liteira do patrício, levantou-se rápido e foi ao encontro do amigo, com efusivas manifestações de alegria pela visita:

– Bom dia, meu caro amigo Cornélius! – saudou com jovialidade o dono da casa. – Que bons ventos o trazem esta manhã à nossa residência? Antes de mais nada, deixe-me dizer-lhe: você adivinhou meus pensamentos, pois planejava ainda hoje ir à sua casa para continuar um assunto iniciado há algum tempo.

Cornélius sorriu diante da alegria hospitaleira do amigo. Era esta uma das virtudes que mais admirava em Caio: sua alegria espontânea e sua jovialidade sincera.

– Bom dia, meu querido irmão, Caio Fabrícius! Como é bom encontrá-lo. As mesmas angústias que assaltavam seu coração há algum tempo ocorrem comigo agora, e apenas o amigo com sua sensibilidade e seu equilíbrio pode avaliar o que vai em minha alma. Felizmente, sinto-me mais aliviado depois de uma conversa com Marcus e Otávia.

– Acho que o momento é oportuno, Cornélius, porque também já tive uma longa conversa com Vitória Alba e Selene. Apesar de todas nossas angústias e sofrimento, estamos muito próximos de uma solução.

– Fico feliz com suas palavras Caio. Acho que tenho uma boa solução para tudo isso, mas gostaria de ouvir sua opinião. Você sabe que tenho uma grande propriedade em Tibur, bem como uma residência de veraneio naquela cidade. Você também tem uma bela residência naquela região. O que acha de nos ausentarmos temporariamente da vida pública, nos licenciarmos no Senado e durante algum tempo fixarmos residência à prudente distância de todos esses acontecimentos? Possivelmente por lá também há movimentos cristãos, apenas sem o risco que envolve Roma.

Os olhos de Caio Fabrícius brilharam, e sua fisionomia estampou um franco sorriso.

– Que feliz idéia, meu caro amigo! Realmente é a solução de que necessitamos neste momento! Acho que sua idéia é exatamente a saída para nossos anseios: afastamo-nos por algum tempo da vida mundana e traiçoeira que envolve o poder romano, e nossas famílias poderão professar sua nova fé sem riscos desnecessários.

À noite, o clã Fabrícius e Paulus se reuniu. Ficou estabelecido que partiriam imediatamente para Tibur. Vitória Alba e Otávia não cabiam em si de satisfação, porque Acácio informou-lhes que havia um movimento cristão que crescia a cada dia naquela região.

A ausência no Senado foi justificada, porque era de conhecimento de todos o problema da doença do filho de Cornélius. Em poucos dias, encontravam-se devidamente instalados na nova residência em Tibur, cujo clima era ameno e propício para uma nova vida, longe da agitação, das intrigas e das artimanhas de Nero e seus comandados.

O movimento cristão de Tibur alegrou-se com a chegada dos novos adeptos, principalmente de Acácio, que trazia grande conhecimento da Boa Nova do Cristo. De forma discreta, aos poucos surgiam novos simpatizantes em reuniões na residência de um ex-soldado romano chamado Emiliano Gáudio, que servira na Judéia sob as ordens de Pôncio Pilatos.

O tempo correu bem depressa. Longe das intrigas palacianas e sob os auspícios de uma vida tranquila em Tibur, Caio Fabrícius e Cornélius Paulus pareciam rejuvenescidos e felizes. Na condição de senadores do Império Romano, eram portadores de credenciais da mais alta autoridade que lhes conferia respeito e prestígio. Constantemente, os amigos saíam em longas e despreocupadas cavalgadas pelos arredores da cidade.

Um ano se passou. A alegria havia novamente se instalado nos lares de Caio e Cornélius. Vitória Alba e Otávia passaram a estudar os ensinamentos de Jesus no lar, sempre com a presença de Acácio. Apesar da insistência das esposas para que participassem das reuniões evangélicas, os senadores preferiram manter distância, talvez por resquícios do velho orgulho ainda instalado em suas almas, ou porque, como todo ser humano de um modo geral, passada a tribulação, se esquecem do perigo.

Estávamos no início do ano de 67, e a paz parecia finalmente ter-se instalado naqueles corações. Nessa época, Marcus Vinícius e Selene procuraram os pais para manifestar desejo de se unir em matrimônio. Não poderia haver notícia melhor para coroar aqueles dias de bonança e felicidade. As famílias se uniram ainda mais em alegria. Era tudo o que desejavam para selar aquela amizade de longa data. Caio e Cornélius pareciam não se conter em manifestações de carinho com os filhos queridos. Por desejo dos noivos, as cerimônias do casamento foram marcadas para dali a três meses, coincidindo com o início da primavera. Otávia estava radiante de felicidade. Ela e Vitória Alba procuraram os esposos para comunicar um desejo especial para as festividades do casamento: que a cerimônia religiosa fosse celebrada sob as bênçãos de Cristo, num ofício religioso cristão proferido por Nazário.

Num primeiro momento, a idéia não agradou a Caio nem a Cornélius, mas, diante da insistência dos noivos, os senadores concordaram. No fundo, Cornélius sentiu íntimo regozijo, pois guardava na memória sentimento inexplicável em relação ao apóstolo cristão. Era interessante que o mesmo acontecia com Caio Fabrícius, que por orgulho jamais manifestaria seu sentimento, talvez para manter a imagem de superioridade diante de uma filosofia que lhe parecia levar o homem à humilhação e à fraqueza de personalidade.

A comunidade cristã local exultou diante da notícia e da possibilidade de uma visita a Tibur do querido apóstolo e anteviam as memoráveis preleções da Boa Nova que usufruiriam, a palavra eloqüente de alguém que conhecera de perto o Mestre e que trazia a autoridade dos testemunhos pelo amor do Cristo.

Quase no mesmo período aportou em Tibur um mensageiro do Senado Romano. Trazia uma correspondência lacônica revestida do maior sigilo, dirigida a Caio Fabrícius e Cornélius Paulus. Quando tomaram conhecimento do teor da mensagem, os senadores ficaram com a fisionomia carregada: Júlio Gálio, um dos senadores mais antigos e respeitados do Senado Romano, os convocava para uma reunião secreta na capital do Império para tratar de assuntos de extrema importância, relacionados ao futuro de Roma e dos romanos, concluía a missiva. A presença de ambos era imprescindível.

Tudo aquilo era muito preocupante e perigoso. Para não alarmar seus familiares, preferiram ocultar a verdade e buscar alguma desculpa que justificasse a viagem a Roma. Dessa forma, informaram que dentro de poucos dias partiriam para a capital do Império para participar de uma solenidade do Senado Romano, pois na condição de senadores, não poderiam deixar de comparecer. Tudo fizeram para que não pairasse nenhuma dúvida ou preocupação nos pensamentos de seus entes queridos.

Assim planejaram, assim fizeram. Quinze dias depois, deixando seus familiares na tranqüilidade de Tibur, partiram sentindo o peito oprimido pela angústia. Depois de longa cavalgada, chegaram à Via Ápia. De longe, avistavam-se as edificações imponentes das colinas que envolviam a grande capital imperial. Ao adentrarem os limites da cidade, com o coração opresso, Caio comentou:

— Não sei explicar, mas sinto algo muito ruim dentro de meu peito. Talvez seja porque nos distanciamos de todas as intrigas palacianas, talvez porque em Tibur tínhamos tranqüilidade e paz, mas, retornando a Roma e novamente sentindo o contato com todas estas coisas, sinta meu coração descompassado. Talvez seja isso — finalizou.

Cornélius olhou para o amigo e sorriu.

— O que você disse é exatamente o que sinto, meu amigo. Nos últimos dias nem tenho dormido direito e confesso que fiz de tudo para que Otávia não percebesse minha alteração de humor, mas instintivamente ela percebeu. Eu disse a ela como desculpa que, sempre que viajo, fico intranqüilo pelo desconforto da viagem, mas, no fundo, sinto que iremos viver momentos difíceis — concluiu melancólico.

— Sinceramente — complementou Caio —, nos últimos dias tenho tido pressentimentos e presságios muito ruins. Todavia, tento raciocinar com equilíbrio, pois quando estamos emocionalmente alterados, e neste momento estamos, nossa mente nos prega peças desagradáveis. Acredito que a maioria de nossas preocupações seja sem fundamento.

Cornélius olhou fixamente para o amigo com o rosto carregado, concluindo:

– Espero que tenha razão, meu irmão. Espero que tenha razão – repetiu. – No fundo, também estou extremamente preocupado e sentindo maus preságios.

Seguiram em frente silenciosamente. Passaram pelas margens do Rio Tibre e observaram a plebe que se amontoava, esquecidos em sua miséria. Mais adiante, podiam divisar os edifícios do Esquilino, em seguida o Aventino e o Palatino. Quando chegaram à residência de Cornélius, serviçais solícitos os receberam, preparando um banho.

Naquela noite, apesar do extremo cansaço da viagem, Cornélius teve dificuldades em conciliar o sono. Quando finalmente adormeceu, era alta madrugada. Um sono cheio de pesadelos nos quais se via em plena arena sendo atacado por leões e tigres, e seu filho Marcus Vinícius tentava socorrê-lo, atraindo as feras para si. Observou no alto do anfiteatro as figuras de Nero e Tigelinus, que gargalhavam e gritavam: "– Morte aos cristãos! Morte aos cristãos!" Em sua angústia, Cornélius viu, em seu pesadelo interminável, seu filho morto em plena arena e o povo delirando.

Quando acordou no dia seguinte, o senador estava impressionado com as imagens do pesadelo. Sacudiu a cabeça enquanto cuidava de sua higiene pessoal, procurando mudar seus pensamentos, mas, intimamente, encontrava-se muito abalado. Após o desjejum, procurou conduzir assuntos mais alegres com o amigo, para disfarçar seu mal-estar.

– Caio, meu irmão, confesso que, apesar de todos os problemas a enfrentar aqui, estou muito feliz. Breve nossos filhos vão se unir em matrimônio e, se os deuses assim o permitirem, logo teremos netos para encher nossos dias de alegria e felicidade.

Caio sorriu satisfeito com a lembrança do amigo.

— Sem dúvida Cornélius, se havia algo que eu mais desejava no final de minha existência era ver minha filha feliz. Você sabe a estima que tenho por Marcus Vinícius. Seu filho é, para mim, como um filho de verdade e, depois que se recuperou de sua doença, tornou-se um rapaz ainda mais sensível. Minha filha ama seu filho. Dessa forma, não poderia ter felicidade maior, ainda mais quando vierem os netos.

A conversa alegre pareceu surtir efeito nos pensamentos de Cornélius, que desanuviou seu semblante e sorriu com naturalidade e satisfação, antevendo talvez a alegria que o futuro lhes reservava. À tarde veio uma mensagem para que se encontrassem na residência de Júlio Gálio para uma reunião.

Eram 14 horas quando aportaram na elegante residência do senador. Adentraram o recinto do salão principal onde o próprio senador Júlio Gálio os recebeu com um sorriso de satisfação:

— Sejam bem-vindos, meus amigos. É uma alegria imensa vê-los novamente em nosso convívio, principalmente quando necessitamos de idéias e sugestões de mentes inteligentes e equilibradas.

Cornélius e Caio adentraram o recinto. Lá estavam outros pares do Senado, pessoas sérias e comprometidas com os destinos do povo romano.

— Amigos, inicialmente gostaria de agradecer a presença de todos aqui nesta tarde – iniciou solenemente a reunião, Júlio Gálio –, particularmente a presença de Cornélius Paulus e Caio

Fabrícius que vieram de longe, deixando o conforto do convívio com seus familiares para atender ao nosso convite.

A platéia compunha-se de uma dezena de senadores, a maioria dos mais experientes nas lides do Senado Romano. Todos permaneciam circunspectos ouvindo a palavra do anfitrião.

— Como temos acompanhado, vivemos momentos de verdadeiro terror sob o comando do Imperador Nero e do prefeito Tigelinus. Os desmandos autoritários do Imperador têm atingido as raias da demência em termos de crueldade e despotismo. Às vezes, entende que é grande artista; às vezes, um ser divino ou, ainda, o próprio deus. O grande problema é que Nero está cercado de oportunistas que alimentam essas loucuras, insuflando seu ego desmedido. A barbárie perpetrada contra os cristãos parece não ter fim nem limite. Confesso que ninguém mais suporta tudo isso, mas é difícil apresentar qualquer ponderação ao Imperador, que fica enfurecido ao ser contrariado nas mínimas questões. Nos últimos tempos, pegou a mania da desconfiança, achando que está no meio de traidores, que o Senado conspira contra ele e volta e meia tem condenado à morte pessoas do nosso meio simplesmente por causa de sua cisma de que são traidores.

— Tem razão no que diz — comentou o senador Sérgio Lúcius. — Na verdade, sinto que estamos no limite de nossa moral e assistir ao Imperador promover todo tipo de arbitrariedades sem poder reagir me faz mal. Temos de elaborar um plano e tomar uma providência.

— Concordo plenamente com Sérgio Lúcius. Também tenho me questionado se não fomos longe demais ao nos intimidar diante do histrionismo de Nero. Nós também somos culpados à medida que permitimos que um louco, que não respeitou a própria mãe e a esposa e mandou matar seu próprio conselheiro, cometesse tantos desmandos – ponderou Cláudio Antonius.

– Meus amigos, acabamos de chegar de Tibur, Caio Fabrícius e eu, mas vejo que infelizmente o Imperador conseguiu piorar ainda mais sua desastrada administração. Isso é muito ruim para Roma, desastroso para o povo e péssimo para nós. Sérgio Lúcius tem toda razão quando diz que devemos pensar em uma forma de deter esse louco e seus cúmplices. Temos generais valorosos em nossos exércitos. Por que não pensamos em alguém que partilhe conosco ideais de moralidade para derrubar esse tirano? – sugeriu Cornélius Paulus.

Carregada de calor, a palavra de Cornélius foi transmitida de forma eloqüente. O senador tinha imagem de homem sensato e de bom senso. Por essa razão, trazia autoridade moral que contagiou a todos os presentes, que se manifestaram favoravelmente a ele.

– Entendo que todos concordamos com a proposição de Cornélius e acho que, neste momento, temos de ser práticos. Por que não trazer à próxima reunião alguns generais de nossa confiança para ouvir-lhes a opinião? – comentou Túlio Félix.

– Esse é um grande problema – comentou Júlio Gálio. – Temos generais valorosos descontentes com as atitudes de César, mas todos se encontram em províncias distantes. Os que aqui estão, tenho algumas restrições em relação a eles, pois não sabemos até que ponto são ou não realmente leais ao Imperador.

— De qualquer jeito, temos de encontrar uma forma discreta e que não nos comprometa por ouvir os generais sediados em Roma. Possivelmente haverá também aqui descontentes, mas será que estariam dispostos a arriscar o pescoço? A verdade é que Nero é louco e ninguém esquece o que aconteceu com Sêneca e Lucano. — enfatizou Sérgio Lúcius. — Como não temer um homem que é louco e tem o poder nas mãos? Que manda matar a esposa e a própria mãe, sem comiseração nem piedade?[12]

Caio Fabrícius, que até então se mantivera em silêncio, ponderou:

— Creio que todos estamos imbuídos dos melhores propósitos, mas essa idéia tem de ser melhor analisada. O problema é que o Imperador se cerca de gente da pior espécie, alguns extremamente inteligentes, outros maldosos, uns oportunistas como Ofrônio Tigelinus, Marco Sálvio e outros mais. Possivelmente, muitos vão mudar rapidamente de postura quando Nero cair em desgraça, mas, até lá, é necessário que tenhamos o maior cuidado possível para não vermos nosso projeto naufragar antes mesmo de ser posto em prática. Acho que é melhor nos reunirmos na próxima semana. Até lá, cada um deve pensar com muito cuidado em uma estratégia bem elaborada. É importante viajar para as províncias e conversar com os generais mais comprometidos com os valores e a ética do povo.

A sugestão de Caio foi aplaudida por todos os presentes.

---

12. Nero, em sua paranóia, teria tramado a morte de Agripina, sua própria mãe. (Nota do Autor Espiritual)

— Acho que a opinião de Caio Fabrícius é ponderada e inteligente — comentou Júlio Gálio — e concordo plenamente — concluiu. — Vamos nos reunir na semana que vem neste mesmo dia da semana e horário. A princípio, entendo que é uma boa estratégia a visita aos generais que se encontram distantes de Roma, pois, dessa forma, o risco será bem menor.

Três dias se passaram da reunião na residência de Júlio Gálio. Naquela tarde, Cornélius Paulus estava repousando quando chegou um mensageiro do Imperador com uma mensagem de Nero. Preocupado, Cornélius leu a missiva: era um convite para um festim no palácio imperial naquela noite. Segundo a mensagem, sua presença era obrigatória.

Imediatamente tomou uma liteira dirigindo-se à mansão de Caio Fabrícius. Precisava conversar com o amigo, ouvir sua opinião a respeito, pois poucas foram as ocasiões em que recebera convite do Imperador para seus festins tresloucados. E especialmente aquele convite era incisivo.

Quando aportou à residência de Caio Fabrícius, encontrou-o no Átrium, extremamente nervoso. Quando viu o amigo, correu até ele preocupado.

— Cornélius, acabo de receber um convite para um festim no palácio do Imperador!

— Pelo visto, as coisas estão piores que imaginei — retrucou Cornélius. — Como Nero ficou sabendo de nossa presença aqui? Não temos freqüentado o Senado nem lugares públicos. Apenas Júlio Gálio e os demais membros que participaram da reunião sabem que estávamos em Roma.

— Realmente, tudo isto é muito preocupante — comentou Caio. — Entretanto, não devemos nos precipitar. Vamos comparecer à festa de Nero, mesmo porque não temos outra alternativa a não ser ver o que o Imperador quer conosco.

— Você tem razão, não devemos nos antecipar em preocupações necessárias. Mas duas coisas me deixam bastante intrigado: como Nero ficou sabendo que estamos aqui e por que o convite é exatamente para nós dois?

Conversaram longamente. Embora ambos quisessem demonstrar tranqüilidade, na verdade estavam com o coração angustiado. Alguma coisa estranha pairava no ar.

À noite, enquanto se preparavam para a festa, os amigos se surpreenderam com uma liteira enviada pelo próprio Nero para apanhá-los em suas residências. Quando chegaram ao palácio, as cítaras e alaúdes tocavam músicas, e dançarinas seminuas faziam apresentações de danças eróticas a gosto do Imperador. A mesa estava coberta por iguarias, e a maioria dos convivas já estavam presentes quando Nero entrou de forma cômica, tão a seu estilo. Foi aplaudido efusivamente, em pé e chamado de divino, o que o deixava extremamente satisfeito. Visivelmente gordo, o Imperador exibia sua esmeralda que tinha mania de assentar sobre o olho para observar as pessoas. Caio e Cornélius estavam sentados a distância, mas tão logo ele os viu, chamou-os imediatamente:

— A quem tenho a honra de contar hoje em minha festa: Cornélius Paulus e Caio Fabrícius! Faço questão que sentem ao meu lado. Por favor, Tigelinus — ordenou ao prefeito romano —, providencie aos amigos um assento ao meu lado direito!

A gentileza de Nero parecia exagerada. Tanto Caio quanto Cornélius estavam muito preocupados com isso. Mas o Imperador era assim mesmo, costumava variar atitudes de gentileza com extrema crueldade. Assim como determinava honras e louvores a quem lhe agradava, simplesmente mandava executar quem o contrariava.

A ordem do Imperador foi prontamente atendida de forma que, em seguida, Cornélius Paulus e Caio Fabrícius estavam acomodados a seu lado direito e Tigelinus à sua esquerda.

– Como vai, Cornélius? – cumprimentou o Imperador, tão logo o senador se acomodou a seu lado. – Fiquei sabendo que seu filho ficou muito doente e que por essa razão acabou se mudando para Tibur. Infelizmente temos tido pouco contato, mas quero que saiba que o admiro muito. Roma precisa de homens como você e Caio Fabrícius, por quem também tenho muita admiração – concluiu Nero.

A conversa parecia muito agradável, mas Cornélius sentia que, por trás de toda aquela gentileza, havia segundas intenções. Respondeu com educação como a situação exigia.

– É verdade, César. Meu filho esteve gravemente adoecido e quase morreu, mas, graças aos deuses, recuperou-se. Achei conveniente mudarmos para Tibur, onde os ares são mais propícios para a recuperação da saúde de Marcus Vinícius.

– Fez bem – retrucou Nero, colocando o braço sobre os ombros de Cornélius em sinal de intimidade. – Você não só encontrou ares mais propícios para a saúde de seu filho, como também se afastou de todas as intrigas que por aqui campeiam. Quero dizer-lhe uma coisa – disse Nero se aproximando do ouvido do senador como se quisesse segredar alguma coisa –, nem eu estou agüentando todos esses problemas e intrigas palacianas. Todos os dias chegam aos meus ouvidos informações que generais de minha confiança tramam contra minha vida e até mesmo membros do próprio Senado conspiram contra mim. Você acha que isso é vida? – indagou o Imperador em tom de questionamento.

Cornélius sentiu um frio percorrer sua espinha. Nero olhava-o diretamente nos olhos e antes que respondesse, o Imperador continuou incisivo:

– Isso é um absurdo, Cornélius. Não posso confiar em ninguém, nem meus familiares foram dignos de confiança, nem minha esposa, nem Popéia, nem Sêneca, quem diria! Mas agora tenho informações de que as coisas estão muito sérias.

Nero falava de forma pausada e olhava firme para o senador, que sustentava seu olhar. Continuou:

– Preciso de pessoas do seu valor ao meu lado, Cornélius, e de Caio também. Pessoas de minha inteira confiança com que possa contar a qualquer momento, sejam quais forem as circunstâncias. Que fique aqui entre nós, já estou me cansando de Tigelinus, mas preciso dele. Não sei o motivo do descontentamento do Senado e de alguns generais. Basta olhar o povo, que está satisfeito com os espetáculos. Sinto que eles me amam de verdade e até me chamam de divino. Isso não é o máximo?

Cornélius percebeu que aquele era um momento delicado e que a melhor alternativa seria ficar em silêncio, uma vez que Nero parecia disposto a continuar falando, e o bom senso dizia que era melhor ouvir.

— As pessoas são muito ingratas, Cornélius, e isso fere minha sensibilidade de artista. Nós, artistas, temos a alma sensível. Sei que me compreende, porque também tem sensibilidade. Diga-me uma coisa, mas fale de todo seu coração: você seria capaz de me trair? Uma coisa que jamais perdôo é traição. Ah! Todos aqueles que me atraiçoaram pagaram com a vida! Você não faria uma coisa dessas, não é, Cornélius? Eu ficaria muito decepcionado! – completou o Imperador em tom afetado.

A situação estava extremamente embaraçosa e Cornélius tentava encontrar uma saída estratégica quando alguém se aproximou do prefeito romano. Tigelinus imediatamente se aproximou de Nero e segredou alguma coisa em seu ouvido. O Imperador interrompeu sua conversa momentaneamente, sorriu e, em seguida, fez um gesto autorizando algo que possivelmente estava programado para o festim da noite.

As cítaras, harpas e alaúdes tocaram acordes frenéticos, e as dançarinas quase nuas teciam graciosos passos, o que parecia divertir o Imperador que se voltou mais uma vez para Cornélius com um sorriso estranho nos lábios.

— Tenho uma surpresa para os convivas da noite –, disse o Imperador em tom enigmático. — Aliás, gostaria de saber sua opinião a respeito dos cristãos: o que acha deles, Cornélius?

O senador mal havia se recuperado da conversa anterior e novamente se deparava com novo questionamento de Nero. Sabia que pisava terreno pantanoso e qualquer deslize significaria sua perda, portanto procurou dar uma resposta evasiva, mas firme ao mesmo tempo.

– Confesso que não morro de simpatia por essa filosofia, César. Entretanto, conheço muito pouco para que possa emitir uma opinião mais profunda a respeito desse assunto. Apenas uma coisa posso dizer-lhe: essa filosofia não me atrai nem a compreendo quando diz que devemos nos desprender dos bens materiais e perdoar os inimigos. Como podemos agir dessa forma? Roma fatalmente sucumbiria diante de seus inimigos.

Nero deu uma gargalhada sonora e um tapa afetuoso nas costas de Cornélius. Era sinal de que a resposta lhe agradara.

– Bem respondido, Cornélius, como podemos abrir mão de nossa riqueza se a conquistamos com lutas sangrentas e guerras centenárias? Como derrotar os inimigos pela espada para depois perdoá-los? Como iríamos manter nossas possessões e domínios? Como poderíamos sobreviver? Você tem toda razão, os cristãos são mesmo uns loucos, mas não se engane, eles são perigosos! Basta vê-los nos circos morrendo sem reagir, isso é inconcebível! Mas eles não perdem por esperar. No fundo, acho que eles realmente são nossos inimigos, pois, com essa filosofia, pretendem enfraquecer nosso povo, nossos exércitos e nossos costumes. Isso é inadmissível, mas eles não perdem por esperar – repetiu com o rosto vermelho, crispado de raiva.

Cornélius estava extremamente preocupado. Realmente Nero dava mostras de sua insanidade, de sua loucura e da falta de senso para a realidade. O Imperador havia perdido completamente a noção do equilíbrio e do respeito para com a vida. Considerava-se senhor da vida e da morte, um ser divino, um artista maravilhoso. Tudo aquilo era perigoso demais para um homem que acumulava poder absoluto em suas mãos. E agora, qual trama insidiosa tinha em mente?

Naquele instante, parou a música, as dançarinas se afastaram e, no silêncio que reinou no ambiente, o ar de expectativa estava estampado no semblante de todos os presentes, exceto em Nero e Tigelinus, que sorriam satisfeitos diante da curiosidade dos convidados.

Naquele momento, entrou no salão uma dezena de centuriões da guarda pretoriana, trazendo um prisioneiro com as mãos amarradas. Os guardas escoltaram o homem até diante de Nero. Quando Cornélius reconheceu a figura franzina e alquebrada do prisioneiro, seu coração bateu descompassado e o sangue gelou nas veias.

"Meu Deus", pensou consigo mesmo, "como isso é possível?"

Preocupado, olhou ao lado e viu que Caio também apresentava a fisionomia pálida e abundante suor banhava sua fronte. Voltou seus olhos para o prisioneiro que trazia o semblante sereno e, ao observar o prefeito Tigelinus, verificou que ele trazia um sorriso irônico nos lábios.

Capítulo 7

Testemunhos de amor

Nero estava exultante diante dos convidados que, em silêncio, aguardavam um pronunciamento a respeito do que ia em sua mente doentia. A grande maioria deliciava-se imaginando que o Imperador tinha alguma idéia diferente, algo extraordinário e inusitado a respeito de como o prisioneiro seria supliciado ou executado. Um forte burburinho ouvia-se no ambiente quando Nero levantou o braço pedindo silêncio. Em seguida, sua voz soou no salão de forma teatral, para melhor impressionar a platéia:

— Meus amigos — começou em tom pausado —, tomo a liberdade de chamá-los assim porque vocês são realmente de minha confiança. Temos assistido aos espetáculos nos circos, que já estão perdendo a graça. Os cristãos não reagem! Por que não enfrentam as feras? Eles dizem que gostam de sofrer e que não têm medo da morte, por isso, hoje, gostaria de lhes dar o prazer de testarem até que ponto realmente isso é verdade. Será que eles realmente não sentem dor? Será que estamos perdendo tempo jogando-os às feras? Ou será que são tão ardilosos que morrem sem lutar apenas para nos frustrar e nos desafiar? O que vocês acham?

Diante das palavras de Nero, imediatamente a platéia respondeu em uníssono:

— Morte aos cristãos, viva Nero!

O Imperador sorriu intimamente satisfeito! Em sua teatralidade, gostava de se apresentar ao povo como homem magnânimo e sensível.

— Vocês pedem morte aos cristãos, mas eu chego às vezes a sentir pena dessas criaturas! Choro mesmo, vocês não acreditam? — insistiu abaixando a cabeça como se estivesse penalizado.

Ao levantar a fronte, como se fosse um personagem interpretando, pediu em tom choroso:

— Tigelinus, por favor, me dê um lenço — disse estendendo as mãos, para, em seguida, levar aos olhos como se estivesse enxugando lágrimas. — Como podem essas criaturas ser tão insensíveis? Não percebem que, com sua teimosia, apenas magoam meu coração? O que faço com eles? — insistiu.

Novamente a resposta orquestrada em uníssono:

— Morte aos cristãos! Viva César!

— Pois bem, meus amigos, como já disse antes, hoje vocês terão uma experiência diferente com este cristão, que, segundo a guarda pretoriana, é muito arrogante! Já foi açoitado e torturado, mas não se curva diante de nós! Como pode tanta audácia? Ah! Mas hoje eu lhes reservei algo que certamente vão apreciar muito, tenho certeza. Será uma experiência inédita para vocês que apenas apreciam o espetáculo a distância, hoje terão a oportunidade de participar de perto e com certeza ficarão com uma sensação inesquecível.

Cornélius e Caio estavam boquiabertos e impotentes diante daquele quadro inesperado que testemunhavam naquele instante: com as mãos amarradas diante de Nero, estava a figura franzina e sofrida de Nazário, cuja fisionomia trazia hematomas horríveis, que traduziam os maus-tratos sofridos na prisão. Por ser um dos pregadores do *Evangelho*, o discípulo de Jesus havia sido feito prisioneiro duas noites antes pelo Imperador. Enfrentou a tortura com altivez e, por essa razão, foi escolhido para um suplício inusitado diante dos convivas no festim de Nero. O ancião permanecia mudo, e isso irritou ainda mais Nero, que vociferou estridente:

– Prisioneiro, sua vida depende da benevolência de César. Aqui eu sou a autoridade máxima, o senhor da vida e da morte! Vamos, levante a cabeça para que eu veja seus olhos, e se ajoelhe diante do Imperador!

Nazário não levantou a cabeça nem se ajoelhou, entretanto, sua voz fraca mas cristalina se fez ouvir no silêncio do ambiente.

– Minha vida depende apenas do Senhor Jesus Cristo e apenas a Ele eu me ajoelho e reconheço como senhor da vida! O senhor me ameaça com a morte e eu lhe asseguro que não temo a morte porque em Cristo terei a vida eterna!

A fisionomia de Nero ficou vermelha, e ele afastou a esmeralda em forma de monóculo. Com as mãos crispadas, deu um murro sobre a mesa, gritando possesso:

— Insolente! Atrevido! Pagará caro por essa audácia e desrespeito! Agnelus — bradou para o chefe da guarda pretoriana —, amarre o prisioneiro na pilastra no centro do salão!

Sem esboçar nenhuma reação, o discípulo de Jesus foi arrastado sem nenhuma comiseração e de forma violenta para o meio do grande salão em cuja coluna foi amarrado e despido no tronco superior. Dava pena ver a figura maltratada e esquálida de Nazário, que, semidespido, deixava ver em suas costas magras os ossos que marcavam suas costelas.

A própria platéia dementada parecia não acreditar no que estava ocorrendo, e muitos dos presentes pareciam estáticos. Mas Nero não deu tréguas:

— Não lhes prometi algo diferente e inesquecível? Esse homem será vergastado até a morte por vocês — disse se referindo a seus convidados. — Enquanto tiver uma gota de sangue na veia, um sopro de vida, receberá o castigo merecido. Não é uma boa oportunidade para ver com nossos próprios olhos se realmente um cristão não sente dor? Qual o limite de sua resistência? Quem se habilita a dar a primeira vergastada? — convidou o Imperador. — Vamos, não tenham receio, porque certamente depois do final deste espetáculo, esse cristão nunca mais irá lançar sortilégios em ninguém.

Naquele momento, Agnelus trazia na mão uma chibata com a ponta em forma de garra, própria para arrancar pedaços da pele à medida que fosse aplicada ao supliciado.

O silêncio era geral e ninguém se prontificava a ser o primeiro a chicotear o prisioneiro. Nero estava totalmente descontrolado e, em brados coléricos, ordenou:

— Então, ninguém se habilita ao privilégio da primeira chibatada? Será que aqui não existe alguém de coragem? Vocês estão com receio de quê? Alguém pode me explicar o que está acontecendo? Tigelinus, pode me dizer o que acontece? – inquiriu com tom rancoroso.

Diante da indecisão da platéia, foi Agnelus quem tomou a iniciativa: levantou a chibata e desferiu com violência o primeiro golpe. O chicote sibilou no ar e, quando atingiu as costas do prisioneiro, deixou marcas profundas e sangrentas em suas costelas. Nazário fechou os olhos e gemeu dolorosamente. O sangue escorreu em filetes abundantes, banhando o dorso do supliciado. Como ainda havia indecisão entre os presentes, Tigelinus se prontificou a dar prosseguimento ao horrendo espetáculo. Caminhou resoluto, apanhou a vergasta das mãos de Agnelus e desferiu com violência e raiva novo golpe. O supliciado cambaleou sob o impacto. De seus lábios, escapou novo gemido surdo de dor enquanto o sangue brotava em abundância de suas costas.

Nazário permanecia de cabeça baixa sem reclamar, esperando a continuidade do suplício. A cena era dolorosa e poderia comover o coração mais endurecido, mas não o de Nero e seus favoritos. Qualquer observador mais atento perceberia que o prisioneiro era uma criatura com complexão física muito frágil, além do que, já havia sofrido torturas pesadas, com o agravante da idade avançada e que possivelmente não suportaria por muito tempo o castigo, mas alguns dos convidados encorajados pela atitude de Agnelus e do prefeito dos pretorianos adiantaram-se em algazarra, saudando o Imperador.

— Ave, César! Morte aos cristãos!

Nero sorria satisfeito ao ouvir o impacto das vergastas que sibilavam impiedosamente sob o dorso do discípulo de Jesus, que agora jazia desfalecido sob uma poça de sangue.

Como era sua mania, para ver melhor, o Imperador assentou sob o olho direito sua esmeralda. Voltou-se para o público e observou atentamente a reação de cada um, para, em seguida, se deter em Cornélius e Caio. Com um sorriso irônico questionou:

— O que me diz, Cornélius? Não quer experimentar a sensação de chicotear um cristão com as próprias mãos? E você, Caio? Não gostaria também de dar uma vergastada nesse cristão insolente que não respeita o poderio romano nem a autoridade suprema de César?

Cornélius estava em seu limite de tolerância e sensibilidade. Sua vontade era correr até Nazário, ampará-lo em seus braços e cuidar de suas feridas. Mas, naquele momento, era necessário ter prudência e ganhar tempo. Gostaria de oferecer alguma ajuda que fosse àquele homem a quem seu coração ficara agradecido e a quem devia a vida de seu filho. Sua atitude foi imediata e surpreendeu Caio, quando respondeu a Nero:

— Agradeço seu convite e a deferência com que me honra, César. Entretanto, gostaria de me aproximar para melhor observar o prisioneiro, porque ele me parece desfalecido e possivelmente já está às portas da morte. Não me parece que vai suportar mais nada. Gostaria de me certificar se não vou chicotear um homem morto, porque isso não me interessa.

— Como sempre tem razão, Cornélius. Eu também acho que não tem graça nenhuma torturar alguém morto. Mas será que o prisioneiro já morreu? Chamem um médico para verificar as condições do prisioneiro e, se possível, prolongar um pouco mais sua vida, porque acho que esse cristão nos enganou, pois não suportou o sacrifício. Como pode? – concluiu em tom de deboche.

Cornélius caminhou a passos rápidos em direção ao prisioneiro, pois queria ver se ainda era possível fazer algo em seu favor. Com cuidado apanhou sua cabeça e a acomodou em seus braços. Nazário realmente estava muito mal, seu corpo estava arqueado e quase não conseguia respirar. O castigo fora violento demais para aquele ancião que já vivera tantas lutas e privações. Sentindo o aconchego de forma carinhosa, o discípulo abriu os olhos reconhecendo Cornélius e, num esforço supremo, conseguiu proferir algumas palavras, quase inaudíveis:

– Que Deus o abençoe, meu filho! Meu suplício está no fim, e vou ao encontro daquele que salva e liberta a criatura humana do sofrimento! Meu corpo morre, mas viverei em Cristo! Procure compreender e seguir os passos do Mestre Jesus, porque ele é único caminho, a verdade e a vida! Não perca a oportunidade de conhecer a verdade que liberta as criaturas do mal e da tirania mundana! Só Cristo salva! Só Cristo liberta!

Dizendo essas palavras, Nazário pendeu a cabeça e desfaleceu, e uma lágrima desceu pelo rosto do discípulo do Cristo. Naquele momento chegou o médico e, ao examinar o supliciado, balançou negativamente a cabeça.

– Este já transpôs os umbrais da morte! – sentenciou.

Nero fez o gesto característico dos espetáculos das arenas, quando decidia sobre a morte de alguém, com o polegar para baixo, exclamando em tom de enfado:

– Já morreu? Sem minha permissão? Não, eu ordeno que ele morra sob pena de morte – gargalhou achando graça de sua própria piada. – Que levem o morto daqui e limpem o salão dessa sujeira toda! Que continuem a música e a dança!

Imediatamente a música soou no ambiente, e as dançarinas novamente exibiam seus passos insinuantes e provocadores, em contraste com a horrível cena que acabara de ocorrer.

Aquele episódio marcou para sempre o coração de Caio e Cornélius de forma indelével. Nos dias que se seguiram, os amigos trocavam idéias, mas estavam abalados emocionalmente.

Novas reuniões foram marcadas, pois urgiam providências diante da demência do Imperador. Cornélius ainda estava impressionado com o triste espetáculo que havia presenciado ao mesmo tempo que estava extremamente preocupado com a conversa de Nero, que parecia saber da conspiração. Foram sugeridos os nomes de alguns generais que deveriam ser procurados em caráter de urgência, mas havia um nome de consenso: Sérvio Sulpício Galba, então governador da província romana de Hispânia.

Cornélius e Caio prontificaram-se a fazer uma visita a Sulpício Galba, uma vez que tinham boas relações de amizade com o general. Entretanto, a viagem demandaria tempo considerável, mas aquele era um assunto de extrema urgência. Diante dos últimos acontecimentos, o casamento dos filhos teria de ser adiado por alguns meses e os detalhes teriam o devido ajuste em seu retorno. Um mensageiro foi destacado para levar a Tibur uma mensagem de Cornélius e Caio informando a respeito da viagem de ambos à Hispânia em missão do Senado romano.

Dessa forma, em poucos dias, pequena e discreta comitiva partiu para a Hispânia. O coração de Cornélius pulsava apertado em seu peito. Comentou isso com Caio, e a resposta foi a mesma:

— A verdade, Cornélius, é que ainda estamos muito impressionados com o espetáculo que presenciamos. Por mim, confesso que jamais haverei de me esquecer do olhar de Nazário, a brutalidade de tudo o que aconteceu e nossa impotência diante da cena dolorosa. Senti-me a pior das criaturas humanas ao perceber minha covardia diante da coragem daquele homem. Não tenho dormido direito, e aquela sensação de que algo ruim está para acontecer voltou.

A viagem transcorreu de forma silenciosa e triste. Os amigos traziam no coração lembranças muito fortes que os haviam abalado de forma profunda. Quando chegaram ao destino, foram recebidos por Galba, que ouviu atentamente o relato. O general estava ciente das paranóias de Nero, mas ponderou a necessidade de que tudo fosse planejado com extremo cuidado, o que demandaria tempo para que houvesse sucesso na empreitada. Como um bom estrategista, Galba previu que, se não houvesse união entre os exércitos, haveria uma luta sangrenta entre as próprias legiões e derramamento de sangue desnecessário. Concordou com a idéia, mas pediu tempo para articulação da logística estratégica.

A pedido de Galba, Cornélius e Caio permaneceram alguns meses em Hispânia para auxiliar o general na elaboração de estratégias e nos contatos com outros generais, entre os quais das Gálias. Mensageiros partiam em missões rápidas para outras províncias e também mantinham informado Júlio Gálio, que estava em Roma, do andamento do projeto. Quase seis meses transcorreram quando chegou um mensageiro de Roma com notícias preocupantes: Júlio Gálio informava que centuriões, em cumprimento de ordens de prisão, em uma catacumba freqüentada por cristãos na região da Via Ápia, haviam feito muitos prisioneiros, entre os quais, estavam as esposas e os filhos de Cornélius e Caio Fabrícius. Que retornassem urgente, mas de forma discreta, pois, de alguma forma, Nero já tinha conhecimento da trama e muitos senadores haviam caído em desgraça. Cornélius e Caio corriam risco de morte caso não tivessem o devido cuidado.

Apesar da oposição de Sérvio Galba, os senadores retornaram imediatamente a Roma, seguindo as instruções de Júlio Gálio. Na angústia da dúvida e do desconhecido, tanto Cornélius quanto Caio finalmente compreenderam que as mais terríveis premonições estavam se realizando.

A jornada de volta era longa e as dúvidas que assaltavam os corações dos amigos, uma tortura agoniante. Mil pensamentos fervilhavam em suas mentes. Cornélius recordava a conversa que tivera com Nero na fatídica noite em que Nazário fora supliciado: o Imperador não tolerava traição e dissera isso de própria voz, olhos nos olhos. O que planejava fazer com as esposas e filhos? Não teria coragem de perpetrar nenhuma violência, possivelmente os esperava, pois era contra eles que Nero desejava vingança. Enquanto assim pensava, como se lesse o que ia em seus pensamentos, Caio comentou:

— Estou extremamente preocupado com a brutalidade de Nero. O que desejaria? Sabe, Cornélius, vou confessar uma coisa:

se necessário for, ofereço minha vida para que liberte nossos filhos e esposas.

Cornélius sorriu tristemente diante do comentário do amigo.

– Acaba de ler meus pensamentos, Caio. Era exatamente isso que pensava. Mas temos que chegar e ouvir os amigos antes de procurar Nero para ter uma idéia exata do que ele pretende.

Transcorridos alguns dias, finalmente chegaram ao destino. Na calada da madrugada, foram recebidos por Júlio Gálio. Disfarçados, foram levados a local seguro, onde tomaram conhecimento de toda extensão da tragédia.

Pétrus interrompeu sua narrativa por alguns instantes. Observei que o generoso amigo estava com os olhos marejados de lágrimas, tomado talvez pela forte emoção de recordações de um passado longínquo, sepultado no tempo, mas que haviam marcado de forma indelével sua memória. Em seguida prosseguiu:

– As informações eram dolorosas demais, deixando Cornélius e Caio transtornados – prosseguiu Pétrus. –. As notícias eram as piores possíveis. Segundo informações, Vitória Alba e Otávia ficaram comovidas, assim como toda comunidade cristã de Tibur, quando souberam que Nazário havia sido sacrificado em Roma. Corria também a notícia de que o Apóstolo Pedro se encontrava em Roma para fortalecer a fé e acompanhar de perto aquele momento tão difícil de dor e tribulação para os cristãos da primeira hora. Dessa forma, sem medir conseqüências, tomaram a decisão de, na companhia de outros fiéis, se juntar aos cristãos romanos.

Nessa viagem, foram acompanhados por Selene e Marcus Vinícius. Estabeleceram-se em suas residências do Palatino. Durante algum tempo, freqüentaram as reuniões das catacumbas sempre na companhia de Acácio e, em uma dessas ocasiões, foram feitos prisioneiros. Ao tomar conhecimento por Ofrônio Tigelinus que havia entre os prisioneiros cristãos alguns patrícios, Nero se encheu de ira e mandou executar sem comiseração nem piedade a esposa de Cornélius e Marcus Vinícius. Vitória Alba e Selene ainda estavam vivas, mas prisioneiras. Tudo estava muito difícil, pois o Imperador tinha conhecimento da rebelião que se tramava. Ele estava esperando apenas o retorno de Cornélius e Caio para que também fossem aprisionados e possivelmente executados.

Para Cornélius a vida deixou de ter sentido, e sua vontade era morrer junto com seus entes queridos. Era todo um sonho de sua vida que desmoronava como um castelo de cartas. Chorava como se fosse uma criança buscando na memória o sorriso do filho querido e o rosto da esposa amada. Recordava suas palavras a respeito do Cristianismo: morrer pelo Cristo era uma honra destinada a poucos, e eles ainda não se achavam merecedores da envergadura daquele testemunho! Agora estavam mortos! Como compreender o perdão pregado pelo Cristianismo a pessoas tão odiosas como Tigelinus e Nero? Em seu coração, não havia espaço para mais nada, apenas a dor da incompreensão e o ódio mortal que sentia por Lúcio Domício Enobardo ou Nero Cláudio César Augusto Germânico, o tirano.

Embora proscritos pelo Imperador, Cornélius e Caio eram senadores com um histórico e um passado respeitável de honra, seriedade e equilíbrio. Tinham amigos que, nos bastidores, procuravam de alguma forma agir para alcançar a libertação da esposa e da filha de Caio, obtendo sucesso depois de algum tempo com a ação decisiva de Sérvilo Clódio, um dos oficiais da Guarda Pretoriana que tinha muita admiração e respeito por Cornélius e Caio. Sob a tutela de Júlio Gálio, permaneceram em esconderijo seguro, aguardando o desenrolar dos acontecimentos que não tardaram.

Em abril de 68 d.C., Galba, apoiado por Caio Júlio, governador das Gálias, marchou contra os exércitos de Nero. Embora o resultado da batalha tenha sido um desastre e Caio Júlio morto, a verdade é que ninguém mais suportava Nero. No início do mês de junho de 68, o Senado finalmente adquiriu coragem e se rebelou contra o Imperador despótico, o que culminou com a rebelião da Guarda Pretoriana, não restando alternativa a Nero a não ser o suicídio, que ocorreu em 6 de junho de 68, tendo ao seu lado apenas uma escrava fiel de nome Cláudia Acte.

A verdade é que, na vida, tudo passa, e Nero também passou, como uma fera enlouquecida, um furacão terrível, deixando um rastro de destruição, de sangue, de dor, de perdas irreparáveis. Sob seu poder, a destruição não teve medidas. Foram sacrificadas muitas criaturas inocentes em requintes de crueldade e brutalidade. Como corolário, no final de seu governo, ainda tivera tempo de mandar executar os apóstolos Pedro e Paulo. Sérvio Sulpício Galba marchou com seu exército para Roma e foi aclamado novo Imperador.

As expectativas, que eram boas e indicavam ser o começo de uma nova era de paz, não se confirmaram. Apesar das boas intenções, Galba não resistiu por muito tempo. Como faltou-lhe habilidade política, cometeu alguns erros estratégicos e provocou descontentamento em algumas legiões, deixando o exército insatisfeito. Em janeiro de 69, as legiões da Germânia recusaram obediência ao Imperador, aclamando o governador Vitélio como novo Imperador.

Os problemas para Galba não paravam por aí. Ao manifestar apoio em sua sucessão a um jovem senador chamado Lúcio Calpúrnio Liciano, criou uma situação irreversível diante de Marco Sávio Otão, que tinha poderosa influência na Guarda Pretoriana e, na verdade, sempre teve desejos escusos de ser o Imperador e não media esforços com a intenção de dar um golpe para assumir o poder, inclusive com suborno. Galba pressentiu o perigo e, em tentativa desesperada, tentou apaziguar a situação, mas foi assassinado pela Guarda Pretoriana, no Fórum, em 15 de janeiro de 69.

Otão foi declarado novo Imperador pelo Senado no mesmo dia. Seu reinado não durou muito tempo, pois Vitélio marchou com suas tropas para Roma e, na batalha de Bedriaco, Vitélio derrotou os exércitos leais e Otão, que se suicidou em abril de 69, sendo Vitélio reconhecido como novo Imperador.

O novo Imperador, entretanto, não se revelou como um homem de equilíbrio e bom senso e, tão logo assumiu a condição de Imperador, revelou-se também um homem cruel e tirano, perseguindo seus inimigos e rivais sem trégua, instalando novo reinado de terror e maus presságios que durou pouco mais que oito meses. Em agosto daquele mesmo ano, as legiões das províncias da Síria, Judéia e Oriente Médio não mais reconheceram Vitélio e aclamaram Tito Flávio Vespasiano como novo Imperador. Com o apoio dos generais e do governador da Síria, Caio Liciuno Muciano, os exércitos leais a Vespasiano marcharam para Roma liderados pelo general Marco Antonio Primo e, em outubro, inflingiram formidável derrota aos exércitos leais a Vitélio.

Derrotado, Vitélio tentou fugir, mas foi morto pelos soldados de Vespasiano no palácio imperial em 20 de dezembro de 69. No dia seguinte, Vespasiano foi reconhecido como novo Imperador.

Foi um ano terrível para a história romana de lutas sangrentas, traições, subornos, inversão de valores, ódio e morte. Janeiro de 69 começou com Galba no poder e, durante seu curso, novos imperadores assumiram e foram mortos, terminando com o quarto Imperador a assumir o trono no curto período de apenas um ano.

Apenas um ano, cujo espaço de tempo perante a eternidade é apenas um hiato fugaz, mas em que ocorreram tantos acontecimentos trágicos para a história romana e para a vida de Cornélius Paulus e Caio Fabrícius. Imperadores absolutos, exércitos poderosos, uma civilização aparentemente indestrutível que marcou uma era de dores e sofrimento, de tribulações e agonias. Tudo passou, ficando apenas o registro de grandes criaturas que ouviram a palavra do Cristo, o compreenderam, se libertaram, não temeram a morte...

Para Cornélius, que ainda não havia entendido a bênção da verdade redentora que liberta as criaturas das mãos de ferro dos poderes temporais, que escravizam os seres humanos apegados ao poder transitório da matéria, a vida havia perdido completamente o sentido. Em seu íntimo, nutria apenas sentimentos de ódio e vontade de morrer, de abandonar a vida e de buscar o esquecimento na inconsciência da morte.

Caio Fabrícius assistia consternado à morte lenta e agoniada do amigo e irmão querido, compreendendo a dor que ia em sua alma, porque era o mesmo sentimento que ia em seu coração. Vitória Alba se desdobrava em cuidados, mas ao mesmo tempo Selene também requeria cuidados, abalada em seus sentimentos por tudo que havia acontecido.

Licínia se ofereceu a auxiliar Vitória Alba nos cuidados a Cornélius que requeria muita atenção, e Tamires se aproximou de Selene, na tentativa de alguma forma alegrar sua vida.

À medida que Cornélius definhava a olhos vistos, Selene lentamente, sob a influência de Tamires, recuperava a vivacidade, embora fosse sempre vista chorando nos ombros da amiga.

Fala-se que mais virulenta que a dor física é a dor da alma. Naquela manhã de janeiro, ao notar que o querido amigo não se levantava, Caio Fabrícius foi averiguar e constatou que Cornélius já não haveria de sentir as dores físicas da matéria, porque o corpo do senador já tinha a rigidez cadavérica da morte.

Chorou sem consolo a perda irreparável do amigo, do irmão, mas em sua jornada haveria de sorver um pouco mais do cadinho[13] das provações, pois, após algumas semanas, foi a vez de Selene, sua amada filha, partir deste mundo de dores e agonias, depois de sofrer uma queda inexplicável na escada que descia do andar superior ao Átrium, no qual fraturou o crânio, provocando sua morte imediata.

---

13. Pote de material refratário utilizado na fundição de metais. Neste caso simbólico, significa as provas pelas quais o ser humano deve passar até atingir a purificação espiritual. (N.E.)

Pétrus novamente fez breve pausa e recordou os momentos íntimos e as lembranças de um passado que havia ficado registrado de forma indelével em sua memória e que, possivelmente, jamais haveria de se esquecer.

Em silêncio respeitoso, aguardei que o generoso amigo prosseguisse em sua narrativa.

— Depois de tantos acontecimentos dolorosos, o único desejo de Caio era esquecer-se de tudo, apagar-se na inconsciência, nem que para isso fosse necessário buscar a morte, que ele acabou encontrando como uma fuga desesperada, quando o novo Imperador Vespasiano solicitou apoio a Tito, seu filho, que então comandava as legiões no terrível cerco a Jerusalém no ano de 70. Caio se dispôs, então, juntamente com outros membros do Senado a seguir até o palco da batalha que culminou com a destruição de Jerusalém e a morte de mais de meio milhão de judeus. Entre as perdas romanas, Caio também encontrou o fim dos sofrimentos, que inconscientemente procurava em uma emboscada preparada por rebeldes.

Continuou ele:

— Vitória Alba recebeu a notícia com o coração em pedaços, resignada na fé que a amparava, ainda viveu alguns anos, encontrando no silêncio da prece, no auxílio aos mais necessitados e no conforto espiritual que apenas a doutrina do Cristo lhe trazia ao coração. Retornou a Tibur onde seu coração trazia as melhores recordações daqueles dias de tribulação. Na viagem, um acidente funesto, provocado pelos cavalos que, assustados por uma víbora no meio da estrada, tombaram o veículo. Vitória foi atingida pelas rodas que ocasionaram doloroso e profundo ferimento em seu peito.

Enquanto Pétrus visivelmente emocionado fazia nova pausa para concluir sua narrativa, eu buscava, no recôndito de minha alma, lembranças daqueles dias que também vivenciara experiências que jamais se apagarão de minha memória.

– No plano espiritual – continuou Pétrus –, Acácio, Marcos Vinícius e Otávia, pela elevação espiritual que já haviam conquistado, pela compreensão e os testemunhos em Cristo, haviam requisitado permissão para socorrer os entes queridos que deixavam a matéria em desequilíbrio espiritual. Dessa forma, desenvolveram intenso trabalho de resgate a Cornélius e Caio Fabrícius, que permaneceram algum tempo nas regiões umbralinas em purgação e sofrimento. Cornélius ainda se sentia movido por intenso sentimento de ódio em seu coração, e Caio também trazia a alma envolvida em sentimentos de mágoa e abandono. Quando finalmente lograram êxito, Vitória Alba aportou no plano espiritual e as famílias estavam reunidas, ocasião em que Cornélius e Caio tomaram conhecimento que Tamires, a filha de Licínia, fora a responsável pelo acidente que vitimou Selene. A moça sempre foi apaixonada por Marcos Vinícius e, no íntimo, trazia verdadeiro sentimento de ódio pela filha de Caio por considerar em sua demência que, quando foram feitos prisioneiros, Selene fora a responsável pela morte de Marcos, porquanto, naquela noite, fora ela quem insistira para participarem da reunião nas catacumbas contra a vontade do rapaz que na ocasião não se sentia bem, pretendendo ir no dia seguinte.

Prosseguiu ele:

– A verdade é que, em seu desequilíbrio, Tamires não oferecia resistência a obsessores malévolos que a utilizavam com objetivos para perpetrar maldades. Selene se apresentava fragilizada com a morte de Marcos e Otávia e Tamires. Envolvida por mentes perigosas, Tamires aproximou-se como amiga e com objetivos definidos e, na primeira oportunidade, em sua loucura para se vingar da rival, sob o comando de espíritos inimigos, empurrou Selene da escada, culminando em sua morte. Para Cornélius e Caio, perdoar ainda era muito difícil, mas diante da verdade que a morte lhes descortinava à compreensão, aguardaram o momento certo para novo reencarne. Após se juntarem no plano espiritual, todos os envolvidos naquele drama, inclusive Tamires, que desencarnada em condições lastimáveis, purgou por longos anos na escuridão das tormentas. Assim vieram em mais duas existências proveitosas, particularmente para Cornélius e Caio que, sob a inspiração das luzes do *Evangelho* do Cristo, reencarnaram como irmãos em condição de pobreza, como forma para abrandar os sentimentos de orgulho e vaidade que o poder da toga romana lhes havia facultado.

Pétrus continuou a narrar com emoção:

– Tamires reencarnara entre os mesmos familiares, mas, apesar das dificuldades de uma saúde frágil, ainda apresentava-se um espírito de difícil compreensão, sendo constantemente instrumento de maldade e discórdia, manifestando forte propensão ao orgulho e à vaidade, como resquícios da existência em que tinha o privilégio e o poder que sua condição de patrícia romana lhe outorgava. Os anos passam – ponderou Pétrus –, o tempo tudo transforma e diante da bondade de Deus, sob o amparo do Cristo, o orgulho se transforma em humildade, a vaidade em simplicidade, a ignorância em sabedoria, o ódio em perdão e o amor frutifica resplandecente sob a misericórdia do Criador! Apenas o Amor é eterno, tudo mais é transitório. Dessa forma, havia ainda que se instalar nos corações de Cornélius e Caio o verdadeiro sentimento do perdão e do amor verdadeiro para apagar de seus corações todos os ressentimentos das amarguras vividas naqueles dias tormentosos da velha Roma. Finalmente, os mesmos personagens se reencontraram na França do século 18. Novos tempos, novo palco, os mesmos personagens – concluiu Pétrus, sob forte emoção.

Capítulo 8

Na corte francesa

Corria o ano de 1780 na França, época em que floresciam idéias revolucionárias e um movimento cultural conhecido como Iluminismo no qual se destacavam figuras como Montesquieu, Voltaire e Jean Jacques Rousseau.

O clero e a nobreza ainda dominavam a política e a economia, enquanto crescia a influência de uma burguesia rica e poderosa. Grandes mudanças aconteceriam no final daquele século, acontecimentos que iriam modificar, por completo, a estrutura política e social da França.

Neste palco de aprendizado, reencarnaram Caio, Cornélius e os demais personagens, inclusive Tamires[14], para novas experiências redentoras da vida física na carne.

---

14. Os nomes serão mantidos para facilitar o entendimento do leitor. (N.M.)

Reencarnação, abençoada palavra que define a sabedoria, a bondade e a justiça misericordiosa do Criador, que não condena nenhum de seus filhos ao fogo eterno, tendo como fator determinante apenas uma existência. Reencarnação, bênção do Criador que nos oferece oportunidades renovadas em múltiplas existências para que o espírito imortal, em sua ascensão, vivencie experiências redentoras de aprendizado inesquecível na escola da vida. Reencarnação, palavra luminosa que permite o reencontro de amigos e inimigos na bênção do providencial esquecimento, para que, nas lutas dramáticas da vida, encontrem a reconciliação e a reparação de clamorosos erros do passado.

Pela longa afinidade de tantas existências, Cornélius e Caio reencarnaram na condição de irmãos, vivendo a simplicidade, na condição de camponeses em uma pequena propriedade agrícola nas imediações da cidade de Orléans. Vitória Alba e Otávia vieram, para o amparo necessário dos antigos senadores romanos, no mesmo papel de esposas; Selene, na condição de filha de Caio e Vitória Alba, e Marcus Vinícius, novamente como filho de Cornélius e Otávia, enquanto os caminhos com Tamires iriam também se cruzar nesta existência, pois tudo estava previamente programado no planejamento reencarnatório.

Desde a infância, Marcus Vinícius demonstrava inteligência aguçada e um coração cheio de bondade, manifestando desde tenra idade o desejo de se tornar sacerdote para servir ao Cristo. Cornélius estranhava aquele interesse do filho, sentindo-se intimamente contrariado, mas Otávia parecia satisfeita, estimulando o garoto naquele propósito.

Era interessante a amizade que se manifestava entre Selene e Marcus Vinícius e o carinho que existia entre os primos. A diferença de idade era de apenas um ano, sendo que Vinícius era o mais velho. Nas brincadeiras de criança, Selene sempre dizia:

— Gosto muito de você, sabia? Quando crescer, quero me casar com você!

Ao ouvir isso, o garoto sorria e, com seu jeito tão peculiar, respondia:

— Você é tão maravilhosa! Eu também a amo, mas quero ser padre, e padres não casam!

A menina fazia cara de choro, mas o primo acariciava seus cabelos e dizia carinhoso:

— Não chore, bobinha, você sabe que eu também a amo muito! Mas nós somos primos e primos não podem se casar! Então eu resolvi que serei padre, porque não me casarei com nenhuma outra mulher.

A menina parava de chorar e com o rosto ainda molhado pelas lágrimas retrucava:

— Então vamos combinar desde já — dizia com seu jeito infantil: — você vai ser padre e eu, freira.

Marcus sorria com as palavras da prima e logo estavam brincando de esconde-esconde. Ouviam-se apenas os gritos e as risadas tão típicas da infância despreocupada.

Marcus Vinícius estava com sete anos quando passou pela pequena propriedade de Cornélius e Caio e viu uma mulher muito doente, que vivia como pedinte e trazia pela mão uma menina com apenas cinco anos, na mais completa penúria: cabelos em desalinho, rostinho sujo e com os olhos tristes, cansada de perambular sem destino. Ela pediu comida e pousada; compadecidos, os irmãos acolheram a miserável.

As condições de saúde da mulher eram extremamente precárias: tossia muito e estava com febre alta. No dia seguinte, não conseguiu se levantar do leito. Otávia e Vitória cuidaram da infeliz movidas pelo sentimento de compaixão, mas o que realmente tocou o coração de todos foi a menina, filha da pedinte.

Enquanto cuidavam da saúde da mãe com desvelo, Vitória deu à menina vestidos de Selene, que não mais serviam. Após os cuidados de higiene que recebeu e as roupas limpas, ninguém diria que aquela era a mesma menina que lá havia chegado. Desde o princípio, Marcus simpatizou com a garota, convidando-a para brincar, mas Selene não se sentiu muito à vontade em sua presença. Foi o filho de Cornélius quem tomou a iniciativa de puxar conversa com a garota:

– Qual o seu nome? – perguntou com naturalidade.

A menina parecia inibida, mas sentiu-se encorajada com o interesse do garoto.

– Tamires – respondeu acanhada.

– Tamires! – repetiu o garoto. – É diferente seu nome, mas não me parece estranho.

Ficou um pouco pensativo, e Selene se aproximou olhando a garota num misto de curiosidade e ciúme. Percebendo que a presença da prima inibia a menina, Marcus prosseguiu:

– Você gosta de brincar de esconde-esconde?

A menina levantou os olhos, que revelavam muita tristeza, e respondeu:

— Não, eu nunca brinquei em minha vida! Nem sei o que é brincar. Eu posso brincar com vocês? O que é esconde-esconde?

Com aquelas palavras, Tamires venceu a resistência que existia no coração de Selene que, movida por simpatia e piedade, pegou em sua mão convidando-a a brincar:

— Claro que você pode brincar conosco, não é mesmo, Marcus? Venha, vamos brincar de esconde-esconde, é muito divertido!

Em minutos, estavam os três brincando alegremente. Os risos cristalinos das crianças em seus folguedos infantis enchiam o espaço da residência sob o olhar compassivo de Vitória e Otávia.

A infortunada mãe de Tamires encontrou na morte a paz para seu infortúnio e sofrimento. Como todos haviam se afeiçoado à garota, ela passou a viver com a família de Caio e Vitória, como se fosse irmã de Selene.

Doze anos se passaram. Era o ano de 1792. A França encontrava-se em completa ebulição político-revolucionária, que levou à deposição do rei Luís 16 e da rainha Maria Antonieta, culminando com a decapitação de ambos no ano seguinte. O líder do partido jacobino, Maximilien Robespierre, destacou-se como figura dominante naquele cenário de perseguições e terror, em que se determinavam execuções sumárias que assolaram a França naqueles dias terríveis.

Nesse ambiente de incertezas e insegurança, os irmãos Cornélius e Caio encontravam-se insatisfeitos com os resultados desanimadores do campo. Dessa forma, resolveram vender a propriedade e se mudaram para região próxima de Paris, em cujas cercanias encontraram um pequeno sítio onde planejavam cultivar hortaliças para vender no mercado da capital e aumentar seus rendimentos.

Além do mais, os filhos já estavam crescidos. Marcus Vinícius, com dezenove anos, era um rapaz de porte físico admirável. Selene, com dezoito, tornara-se uma moça de beleza ímpar, que fazia qualquer homem suspirar e sentir o coração palpitar diante de sua figura formosa. Tamires, na casa dos dezessete anos, revelava os encantos de uma beleza precoce, mas o que diferenciava a moça dos demais era seu olhar brejeiro e atitudes de malícia desconcertantes. Marcus e Selene ainda eram inocentes em muitas coisas. Marcus mantinha seu objetivo de seguir o sacerdócio, e Selene de ser freira. Era evidente que eles se amavam, mas a determinação do rapaz para o celibato fazia com que a jovem também buscasse na vida eclesiástica uma forma de encontrar paz de espírito.

Tamires não escondia sua decepção diante daquela situação. A sua paixão por Marcus era algo que ela não conseguia controlar, provocando muitas vezes situações embaraçosas, o que trazia preocupação para os irmãos Cornélius e Caio.

Algumas vezes ela não se continha e nas conversas com Marcus o provocava com brincadeiras desconcertantes:

— Me diga uma coisa, Marcus, por que você realmente deseja ser padre?

Com simplicidade, o rapaz respondia:

— Eu quero ser sacerdote porque sempre desejei de alguma forma servir a Cristo.

Ela o olhava com carinho, abraçando-o de forma maliciosa:

— Você não acha que será um desperdício de sua vida? Olhe bem, quando eu o abraço você não sente nada? — insistia insinuante.

Desconcertado, Marcus a afastava com cuidado.

— Tamires, por favor, não seja inconveniente. Nós somos praticamente primos.

— Ah! Marcus, não me venha com essa, que primos que nada. Eu sou uma desconhecida que vocês adotaram, então não precisa ter cuidado comigo. Você não percebe o amor que tenho por você?

Mais de uma vez ocorreram fatos semelhantes. Certa ocasião, Otávia pegou-a no quarto do rapaz se insinuando de forma mais ostensiva, o que provocou sua intervenção:

— Tamires, o que você está fazendo no quarto de seu primo? Vamos, saia já, imediatamente! E tem mais — prosseguiu Otávia —, eu a proíbo de entrar novamente no quarto de Marcus. Você me compreendeu?

A resposta da moça foi imediata, revelando uma rebeldia preocupante, que deixou Otávia extremamente preocupada.

— Eu só saio se quiser ou se Marcus Vinícius quiser!

— Você vai sair porque estou mandando, menina. Respeite-me! — ordenou Otávia.

— Quem é a senhora para mandar em mim?

— Nós somos sua família, nós a criamos, cuidamos de você, será que não aprendeu nada conosco?

— Eu não pedi que me criassem, vocês cuidaram de mim porque quiseram e isto não lhe dá o direito de mandar em mim, entendeu? Eu sempre farei o que quiser de minha vida e tem mais: ainda serei uma mulher muito poderosa!

A arrogância de Tamires era tamanha que, descontrolada, Otávia deu-lhe uma bofetada no rosto. A moça olhou para Otávia com sentimento de rancor nos olhos, que pareciam emitir dardos envenenados de ódio.

– Perdoe-me, minha filha, eu não queria fazer isso! Perdoe-me, por favor! – disse Otávia arrependida.

Tamires ficou descontrolada. Aos gritos respondeu de forma contundente, revelando verdadeiro sentimento de desejo de vingança.

– Nunca vou perdoá-la por ter me batido no rosto! Jamais a perdoarei! Isso ainda vai lhe custar muito caro! Você ainda vai se arrepender por isso! – respondeu e saiu correndo para fora da casa.

Otávia estava chocada e Marcus Vinícius saiu atrás da moça. Atraída pelo tumulto, Vitória Alba foi acalmar a cunhada.

– Acalme-se, cunhada, pois você não é culpada de nada! Tenho notado que essa menina, que um dia amparamos, revela a cada dia ter um caráter rebelde!

– Mas eu não devia ter me descontrolado e batido em seu rosto! – respondeu Otávia em prantos.

– É verdade, não devia mesmo ter esbofeteado a moça, mas ela mereceu quando faltou com respeito a você. Vamos, acalme-se! No jantar, vamos conversar em família na presença de nossos maridos. Ela precisa saber que somos uma família unida.

Assim aconteceu. Naquela noite, durante o jantar, Tamires permanecia de cabeça baixa sem olhar para ninguém. Após a oração, antes da ceia, Cornélius dirigiu algumas palavras à família.

— Meus queridos, somos uma família pequena e pobre, mas temos algo que dinheiro nenhum compra: honra. Trabalhamos duro e tudo o que temos foi conquistado de forma honesta e laboriosa. Hoje aconteceu uma discussão entre Tamires e Otávia, que provocou um desconforto em nossa família.

Cornélius fez uma pequena pausa e todos os olhares se voltaram para Tamires, que permanecia cabisbaixa. Caio tomou a palavra.

— Tamires, minha filha, você não é nossa filha legítima, mas a criamos com tanto amor quanto nossa filha Selene. Queremos que saiba que você teve a mesma educação que demos aos nossos filhos, sem nenhuma diferença. Já conversamos bastante e Otávia reconheceu que exagerou ao esbofeteá-la, mas você também jamais deveria ter respondido de forma malcriada à sua tia. Em nossa família não existe espaço para rancores nem sentimentos de vingança e ódio. Otávia já lhe pediu perdão e você o ignorou. Neste momento, diante da família que também é sua, gostaríamos que você pedisse perdão a ela!

Todos ficaram comovidos com as palavras sinceras de Caio. Vitória Alba reforçou as palavras do marido.

— É verdade, minha filha, sua tia está arrependida e já lhe pediu perdão! O que nos diz?

Em lágrimas, Otávia repetiu o pedido de perdão.

— Tamires, por favor, perdoe-me. Eu me descontrolei e realmente errei ao esbofeteá-la.

A moça levantou a cabeça olhando com determinação para todos. Depois de alguns segundos de silenciosa expectativa, respondeu:

— Está certo, tia Otávia, a senhora realmente não deveria ter batido em meu rosto, porque isso não se faz, mas eu também reconheço que passei dos limites e quero dizer que não apenas a perdôo mas também peço seu perdão!

A atitude de Tamires surpreendeu a todos. A expectativa sincera e a boa fé de todos para com a reconciliação não permitiram que observassem o tom ambíguo de suas palavras, que escondia sentimentos que apenas seus pensamentos revelavam suas verdadeiras intenções. Enquanto todos se levantavam e a abraçavam com alegria, Tamires pensava consigo mesma: "Se pensam que me levaram na conversa, estão enganados. Ainda haverei de me vingar".

Os dias se passaram. Aparentemente, o episódio foi esquecido. Dois meses transcorreram, instalados na pequena propriedade próxima de Paris, em Saint Denis.

O primeiro ano foi de muito trabalho, mas os resultados foram muito bons, correspondendo às expectativas dos irmãos que rotineiramente se dirigiam ao mercado de Paris para vender os produtos do sítio, ocasião em que os filhos acompanhavam nos labores.

O país vivia momentos difíceis, com turbulências na luta de classes pelo poder. O rei Luís 16 foi decapitado, e Maria Antonieta permanecia na prisão aguardando seu destino que, no final, seria o mesmo de seu esposo.

Nesse clima de insegurança, Cornélius e Caio temiam intimamente pela própria segurança, recordando talvez inconscientemente os tempos difíceis vividos na Roma antiga.

Era um momento de importantes decisões na família dos irmãos Cornélius e Caio. A antiga vocação de Marcus Vinícius em servir ao Cristo, na condição de sacerdote, e o desejo de Selene em se dedicar à vida eclesiástica aliaram-se a um novo e inesperado lance: Tamires também manifestou desejo de se tornar freira, juntamente com sua irmã de criação.

A surpresa foi geral, pois havia uma real preocupação em relação à moça e suas tendências de forma que, surpresos, todos se sentiram felizes e aliviados, particularmente Selene que via naquele determinação a companhia de uma pessoa querida em sua vida de reclusão.

As moças foram aceitas em um convento de carmelitas de Saint Etienne, e Marcus Vinícius foi admitido no mosteiro de Saint Pierre, localizado nos arredores de Paris.

O voto de clausura era rigoroso. Ao serem admitidas, as noviças tinham determinado tempo para fazer a opção, que era irreversível e definitiva. Ao tomarem a decisão de se entregar à clausura, deveriam esquecer o mundo, adotar novo nome e se dedicar apenas ao trabalho, às orações, aos jejuns e à contemplação. A hierarquia era inflexível, as regras, rígidas e as punições severas para que a disciplina fosse mantida.

Marcus e Selene se entregaram ao serviço do Cristo por vocação e por amor, porém isso não ocorreu com Tamires que, em seu íntimo, desejava apenas ficar ao lado de sua rival para perturbar sua paz de espírito. Por meio de subterfúgios, conquistou a confiança da madre superiora do convento. O sentimento de inveja é algo que corrói e envenena a alma do ser humano, e isso muitas vezes ocorre dentro das próprias casas de oração. Selene era uma criatura cuja bondade irradiava de forma natural e logo se destacou em seus afazeres, em suas atividades e na oração, despertando sentimentos de inveja em muitas outras companheiras.

Tamires disfarçava suas intenções, mas, de forma insidiosa e sorrateira, não perdia oportunidade de envenenar as demais companheiras que, influenciadas por ela, transferiam os serviços mais pesados para Selene, que, ao declarar seu voto definitivo de clausura, passou a se chamar Irmã Cristine. Depois de um ano, submetida a pesados encargos braçais, sem descanso, alimentando-se mal sob o efeito de jejuns e penitências, Irmã Cristine ficou debilitada, trazendo conseqüências funestas à sua saúde.

A verdade é que Tamires parecia feliz com o sofrimento de sua irmã de criação. Diante da necessidade de definir sua situação, explicou à madre superiora que embora desejasse de todo coração seguir o voto de clausura, ainda não estava devidamente preparada. Suas palavras pareciam emocionadas, pedindo à madre que pudesse lhe dar mais algum tempo, pois servir a Deus era seu grande desejo. Entretanto, precisava se preparar mais adequadamente.

Inteligente e esperta, a moça caiu nas graças da Madre Superiora, Irmã Celine, que diante da necessidade de que alguém tivesse de sair para fazer compras e outras tarefas fora do convento, passou a contar com os préstimos de Tamires, uma vez que a moça ainda não houvera proferido seus votos.

Por um lado, Irmã Cristine sofria sob os rigores da disciplina e do trabalho pesado; por outro, Tamires periodicamente tinha contato com o mundo exterior. Embora Paris vivesse momentos difíceis, a burguesia ampliava seu espaço em virtude da riqueza acumulada. Tamires, em suas andanças pelo mercado, chamou a atenção de um rico comerciante, um burguês chamado Louis Lefébre, homem maduro e viúvo. Ele se encantou com a beleza da noviça e começou a tecer-lhe galanteios e promessas de riqueza e poder.

A moça começou a alimentar ilusões e sonhar com as facilidades do mundo do poder e da riqueza. A pretexto de auxiliar a noviça em suas atividades, *monsieur* Louis Lefébre carregava suas compras e colocava à sua disposição a luxuosa carruagem, acompanhando-a ao convento.

Enquanto isso, Marcus Vinícius se dedicava aos estudos e à compreensão das Escrituras. Quanto mais estudava, mais questionamentos ficavam em sua mente. Apesar disso, sentia-se feliz. Ele sentia saudades de seus pais e de Selene, mas sua vida monástica era exatamente o que ele sempre desejara. Depois de alguns anos, sentia-se um tanto frustrado, porque, em seus pensamentos, pretendia servir ao Cristo, mas não daquela forma. Na verdade, com o conhecimento que agora era detentor, desejava pregar a palavra do *Evangelho* e estar junto aos necessitados, aos tristes e aos aflitos, como fizera Jesus!

Seus questionamentos começaram a incomodar seus superiores. Cauteloso, Marcus procurava não afrontar a hierarquia do mosteiro; dessa forma, prosseguiu em suas atividades.

Dez anos se passaram trazendo muitas transformações políticas e revolucionárias. A queda de Robespierre e sua execução culminaram na ascensão de um nome forte que viria a interferir nos destinos da França e da Europa nos anos seguintes: Napoleão Bonaparte.

Finalmente, depois de muito trabalho, dedicação e insistência, Marcus Vinícius foi autorizado a deixar o mosteiro para que, na condição de sacerdote, assumisse uma pequena igreja na periferia de Paris, um local habitado por pessoas extremamente carentes.

Era tudo o que o filho de Cornélius e Otávia desejava. Ao deixar o mosteiro, na condição de padre ordenado, procurou seus pais e soube das notícias, depois de quase doze anos de absoluto isolamento das coisas do mundo exterior.

Quando chegou à sua casa, sentiu forte emoção ao encontrar e abraçar seus entes queridos depois de tanto tempo, observando que a fisionomia de cada um trazia de forma indelével os sinais de envelhecimento precoce do sofrimento imposto pelas amarguras da vida.

Tamires havia abandonado o convento fazia mais de dez anos e se casado com um rico burguês, tornando-se poderosa e vingativa. Não sabiam ao certo, mas desconfiavam que ela havia tramado para que Selene fosse punida severamente pela madre superiora sob alegação de desobediência e incitação às demais reclusas do convento. Naquela época, Selene estava muito adoentada e, ao ser colocada em reclusão em cela fechada e úmida, contraiu tuberculose e faleceu alguns meses depois.

Marcus Vinícius chorou emocionado, recordando a doce figura de sua prima querida, pois, no fundo, no íntimo de seu coração sempre sentira por Selene um sentimento sublimado do verdadeiro amor. Lembrou-se da meninice quando brincavam juntos e ela sempre manifestara o desejo de se casarem, mas ele trazia em seu coração a forte convicção de tornar-se sacerdote.

Alguns meses transcorreram e o novo padre buscava na palavra do Cristo o esquecimento das lembranças tristes do passado. Com sua palavra sempre cheia de bondade e amor, fez com que, aos poucos, sua pequena paróquia ficasse repleta de fiéis, que sempre buscavam na presença daquele padre ainda jovem uma palavra sábia, ponderada e amorosa. Mas as necessidades eram muitas e os recursos, escassos. Tantas crianças desnutridas, tantos mendigos, tantos necessitados, de forma que o jovem padre se desdobrava em atividades para angariar recursos aos seus assistidos.

Apesar de entregue à vida eclesiástica, no fundo de seu coração, Marcus Vinícius jamais se esquecera de Selene. Embora a missão do sacerdócio fosse algo inabalável em suas convicções, a verdade é que a lembrança da prima jamais se apagara de sua memória. Tudo o que fazia, cada criança que acariciava, cada necessitado que atendia, cada desvalido que amparava, dividia em seus pensamentos como se fosse uma obra realizada em homenagem à sua prima querida. O sacerdote se entregou de corpo e alma a serviço de amparo aos necessitados do caminho.

Cinco anos passaram rápido, e os primeiros fios de cabelos começaram a emoldurar de grisalho a fronte do filho de Cornélius e Otávia.

Aquele era um domingo em que o Sol espargia seus raios pelo azul cósmico da abóbada celeste, irradiando calor e alegria a todos os recantos. Os pássaros teciam na tela do infinito graciosos volteios, trazendo um pouco de paz a um mundo de tantos conflitos e interesses mesquinhos. Era o horário costumeiro em que Marcus Vinícius realizava o ofício para os fiéis de sua paróquia. Com inspiração amorosa pela bênção da vida e voz inflamada, comentava uma parábola do Cristo, quando viu que uma imponente carruagem estacionou na porta da igreja.

Não deu muita importância ao fato, pois a casa de Deus pertencia a todos, a ricos e pobres, dando continuidade à sua pregação. Todavia, não pôde se furtar da admiração provocada pela figura da mulher que adentrou a igreja. Ela se abanava com um leque. De uma beleza física ímpar, suas roupas eram extremamente luxuosas. Não quis se sentar ao lado de ninguém, procurando um espaço maior para se acomodar, distante dos fiéis mais necessitados.

O sacerdote estranhou a atitude daquela mulher esnobe: se não queria ficar ao lado de criaturas humildes, por que havia se dirigido à sua paróquia e não às igrejas mais luxuosas da região central de Paris? Todavia, aproveitou o final do sermão para exemplificar o ensinamento de Jesus:

— Meus caros irmãos em Cristo, o Mestre nos exortou que não nos preocupássemos acumulando bens que a traça corrói e a ferrugem consome. Que não nos inquietemos perguntando: o que será do amanhã? O amanhã a Deus pertence! Olhemos as aves do céu e os lírios dos campos. As aves do céu não semeiam e não ceifam, entretanto o senhor da vida não permite que lhes falte o sustento necessário. Olhemos os lírios dos campos, que não tecem e não fiam, entretanto nem Salomão em todo esplendor de sua glória teve vestes tão belas! Busquemos antes o reino de Deus e sua justiça e todas as coisas nos serão acrescentadas!

Terminado o ofício religioso, como sempre ocorria, as pessoas o procuravam para uma palavra de consolo e de conforto espiritual. A imponente dama aguardou pacientemente que todos se retirassem para no final falar com o sacerdote. A mulher se aproximou, curvou-se beijando a mão que Marcus Vinícius estendeu para cumprimentá-la:

— Bom dia, padre — cumprimentou enigmática —, é uma grande alegria reencontrá-lo. Confesso que estava saudosa! Quanto tempo...

Marcus Vinícius empalideceu. Sentiu que o sangue gelava em suas veias, e suas vistas escureceram momentaneamente. Aquela voz, aquela mulher era alguém que ficara em sua memória de um passado não muito distante e que lhe trazia muitas recordações. Estava mudada, mais imponente, bela. Suas roupas, sua peruca requintada, tudo demonstrava alta posição social, mas no fundo era a mesma pessoa. O sacerdote recobrou sua postura e sua serenidade espiritual para entender o objetivo daquela visita.

— Tamires! É você mesma? Você é minha irmã em Cristo e se me procura tem algum objetivo, alguma necessidade. O que posso fazer por você?

A recém-chegada olhou no fundo dos olhos do sacerdote e o abraçou com força, enquanto soluçava em pranto copioso e falava num ímpeto de uma torrente verbal angustiante.

— Sim, sou eu mesma, a Tamires de sempre. Aquela que sempre o amou e jamais o esqueceu. Aquela que por um amor não correspondido seria capaz de todas as loucuras do mundo! O tempo passou, Marcus, mas eu continuo a mesma inconseqüente de sempre!

Todavia, consegui poder e riqueza, mas confesso que não me sinto bem; acho que vou enlouquecer se não encontrar o amparo necessário que só você poderá me ajudar a encontrá-lo. Quanto tempo esperei por notícias suas! Quando fiquei sabendo que você estava nesta pequena igreja, não tive coragem de procurá-lo, pois no íntimo, sentia vergonha de mim mesma!

Marcus Vinícius estava surpreso com a atitude de Tamires. Aquela mulher parecia realmente necessitada de amparo e seu pranto parecia sincero. Como servo de Jesus, não lhe poderia negar o consolo do Cristo, mas desejava saber até onde realmente aquela mulher iria, se tentaria enganá-lo com suas artimanhas. Dessa forma, não se furtou ao amparo, mas desejava que ela prosseguisse com suas palavras para melhor esclarecer o que estava acontecendo.

— Acalme-se, minha querida irmã, porque Jesus sempre amparou e perdoou todas as criaturas que o procuraram, especialmente quando realmente estão arrependidas.

Tamires se acomodou no banco da igreja, e Marcus Vinícius sentou-se ao seu lado. Com o rosto molhado de lágrimas, prosseguiu:

— Ah! Marcus, meu querido e adorado Marcus, você tem o coração puro, assim como Selene tinha, por isso vocês acreditam no que pregam! Eu é que sempre fui uma criatura arrogante, maldosa e ingrata! Você me diz que Jesus sempre perdoou as pessoas arrependidas, mas quero perguntar-lhe: apenas o arrependimento basta? Se isso bastar, eu vou lhe dizer de todo coração: estou arrependida, estou arrependida de verdade, mas acho que apenas o arrependimento não é suficiente, pois no íntimo o que sinto mesmo é minha consciência extremamente pesada, que me acusa dia e noite!

Continuou ainda:

— Meu Deus, que tormento! Não tenho paz em meu coração. Apesar da riqueza e do poder, sinto-me a criatura mais infeliz da face da terra, sem nenhum minuto sequer de paz na vida! O que fazer? Por piedade — disse entre soluços, escondendo o rosto entre as mãos —, auxilie-me, por favor! Só você, com seu coração puro e piedoso, poderá restituir a paz perdida em minha vida! Sinto que não sou digna de nenhum favor de Jesus, de ninguém! Apenas você poderá me perdoar e me auxiliar de alguma forma, Marcus Vinícius!

O sacerdote concluiu que realmente aquela mulher estava sendo sincera e que seu pranto era legítimo.

— Tamires, minha querida irmã, se você está realmente em busca de um conforto espiritual e sinceramente arrependida, como sacerdote, eu posso oferecer amparo espiritual em nome de Jesus Cristo, o Divino Amigo! Venha comigo até o confessionário e abra seu coração com toda sinceridade, não a mim, mas ao Mestre Divino, que sempre compreende e perdoa as criaturas que, com sinceridade, o procuram nos momentos de angústia e desespero!

Enquanto caminhavam em direção ao confessionário, Marcus Vinícius amparava com os braços aquela mulher que poderia ser a pior criatura do mundo, mas naquele momento era apenas uma pecadora arrependida. Suspirou fundo e elevou seus pensamentos a Jesus, pedindo amparo e inspiração naquele momento tão difícil.

Capítulo 9

A confissão de Tamires

O sacerdote acomodou-se no lado interno do confessionário, e ela, cabisbaixa, ao lado de fora, em atitude súplice de contrição. Deu início à sua confissão:

— Ah! Marcus, perdoe-me, pois não consigo chamá-lo de forma diferente! Sim, perdoe-me! Vou abrir meu coração para você, porque até mesmo a mim tenho receio de confessar. Quantas tropelias eu aprontei nesta vida para alcançar meus objetivos! Fui uma irresponsável, uma inconseqüente. Na verdade, meu receio é justificável, pois sinceramente não sei se Jesus vai me perdoar diante de tanta maldade praticada! Desde menina, em vez de ser reconhecida aos meus pais adotivos, que me criaram com amor e carinho, eu simplesmente tinha ciúme por não ser a filha verdadeira e, por isso, tinha raiva de minha irmã Selene. Eu percebia que você a amava e embora soubesse que seu coração jamais pertenceria a ninguém, nem sequer à Selene, eu tinha ódio, porque intimamente ela era sua preferida.

Tamires continuou sua confissão:

— À medida que crescíamos, eu a encarava cada vez mais como uma competidora contra a qual eu jamais teria a mínima chance. Com o passar dos anos, eu mal conseguia dissimular o verdadeiro ódio que sentia por minha irmã. E quanto a você? Quantas vezes o tentei de forma acintosa e você sempre me repeliu com dignidade, mas eu não desistia até o dia em que sua mãe chamou-me a atenção e então fingi que a perdoei, mas, no fundo de meu coração, ficou o desejo de vingança que conservei de forma velada, até que o tempo me oferecesse a oportunidade de destilar todo o fel que tinha em meu coração.

Tamires interrompeu sua confissão por alguns segundos para soluçar e enxugar as lágrimas; em seguida, continuou:

— Sim, eu soube disfarçar o rancor que me corroía por dentro. Quando manifestei meu desejo de me tornar também uma noviça, foi para pôr em prática meu plano de vingança contra minha irmã e rival. Jamais tive vocação para a vida reclusa de oração, mas precisava estar ao lado de Selene, agora desprotegida de todos. Pobre Selene, ela era uma criatura assim como você, crédula, não via maldade nas pessoas, nem desconfiava de ninguém, então foi uma presa fácil. Eu fazia coisas erradas de forma que a culpa sempre caísse em minha irmã, que não reagia diante das falsas evidências. De punição em punição, acabou ficando em confinamento em uma sala escura e insalubre. Sua saúde, aos poucos, ficou debilitada. A pretexto de auxiliá-la piedosamente, eu havia conquistado os favores da madre superiora, que me concedia fazer visitas rápidas à prisioneira.

Prosseguiu ela:

— Selene jamais reclamou de coisa alguma, apenas alegava inocência e eu demonstrava acreditar em suas palavras e ser a única pessoa em que ela poderia confiar. Selene confessou-me que sentia muita dor no peito, que tinha dificuldades respiratórias e uma tosse muito forte, muitas vezes com secreção purulenta e com sangue. Eu sabia que se minha irmã continuasse um pouco mais confinada naquele quarto insalubre, seria seu fim. Ah! Marcus, você não pode imaginar as coisas que acontecem dentro de um ambiente de reclusão, que deveria ser destinado apenas à oração e adoração a Deus. Há um jogo mesquinho de interesse em agradar a quem tem a ordem de mando e o endeusamento daqueles que não estão preparados para exercer o poder.

O sacerdote também chorava emocionado ao ouvir as palavras de Tamires, revendo em sua imaginação todo sofrimento de sua amada prima.

— Eu sei o que está dizendo — comentou o sacerdote —, pois infelizmente onde está o ser humano está o erro, porquanto ainda estamos distantes da perfeição, o que não invalida que mesmo com todas as falhas, existem ordens respeitáveis e criaturas extraordinárias, que servem ao Senhor com devotamento e sinceridade.

— É verdade, Marcus, concordo com sua ponderação. A madre superiora não era uma criatura ruim, mas a bajulação intensa que recebia corrompeu suas boas intenções. Com o tempo, ela começou a se imaginar perfeita, uma emissária divina do próprio

Criador! A verdade é que Selene foi abandonada à própria sorte, porque jamais se prestara ao jogo de interesses nem à bajulação. Por incrível que pareça, apenas eu poderia ter feito alguma coisa por ela, mas eu não queria fazê-lo. Naquela manhã, quando uma das irmãs, encarregadas de colocar a comida e a água pela portinhola da cela, estranhou que tudo estava silencioso e que a refeição da noite anterior não fora apanhada, resolveu avisar a madre superiora. Então verificamos que Selene já estava morta fazia mais de doze horas. Fingi chorar de tristeza.

Tamires continuou:

— Quem morria no convento era lá mesmo enterrada depois de uma rápida cerimônia, e a vida continuava como se nada tivesse acontecido. Para não deixar algo assim tão vulgar, durante a cerimônia a madre superiora disse: — Não nos entreguemos à tristeza, porque ela morreu em sacrifício e sua alma foi purificada, indo se encontrar com Cristo! Eu apenas olhei com o canto dos olhos. Sabia que tudo aquilo soava falso para meus ouvidos! Intimamente sentia-me satisfeita! Selene, ou Irmã Cristine, já não existia mais no mundo dos vivos, e dela sentia-me vingada, por isso não tinha mais interesse em continuar no convento. Tudo parecia conspirar a meu favor. Conheci um rico comerciante chamado Louis Lefébre, que, na casa dos 45 anos, apaixonou-se por mim. Eles era um burguês rico e influente na corte e se encaixava perfeitamente em meus planos. Ao me propor que deixasse o convento para se casar com ele, pareceu-me que tudo aquilo vinha ao encontro de meus anseios.

E Tamires prosseguiu relembrando os fatos:

— Lógico que impus uma condição, que ele aceitou sem reclamar: usar sua influência para que eu freqüentasse as rodas da nobreza e da corte, então em total decadência. Quem mandava mesmo era o clero e os burgueses abastados que haviam adquirido grande importância naquele momento de transição. Não demorou muito e arrumei um amante belo e jovem para satisfazer meus caprichos inconfessáveis. Era um soldado chamado Raymond, que meu marido havia conseguido por meio de favores para me proteger. Muito parecido comigo, fazia o jogo necessário para levar uma boa vida enganando meu marido e usufruindo de tudo o que a riqueza proporciona. Enquanto Louis se entregava ao trabalho, Raymond e eu viajávamos e nos divertíamos despreocupados. Louis era apaixonado por mim e, por isso mesmo, muito crédulo. Sempre acreditava nas justificativas mais esfarrapadas apresentadas por mim para provar os gastos em minhas andanças. Como queria agradar meu amante, com o tempo, comecei a vender objetos valiosos da *maison* de Lefébre.

Tamires continuou a confissão:

— Meu marido começou a notar o desaparecimento de jóias e objetos de valor, mas as suspeitas recaíam sobre os empregados e eu me sentia aliviada. Uma antiga empregada da família de meu marido começou a suspeitar de minha infidelidade e do desvio dos valores e começou a fazer ameaças. Não titubeei: sem que ela desconfiasse, numa manhã, escondi uma jóia de valor irrisório em sua bolsa e a incumbi de ir até o mercado para comprar algumas frutas e legumes. Tão logo Mariete se afastou, alguns soldados, sob a orientação de Raymond a detiveram, encontrando a jóia em sua bolsa. Ela não sabia explicar o que aquele objeto, que pertencia à família de Louis, estava fazendo em seu poder. Foi feita prisioneira, levando a culpa pelo desaparecimento das outras jóias.

Marcus Vinícius estava estarrecido com a confissão de Tamires. No íntimo, o sacerdote sofria imaginando como uma pessoa poderia ser capaz de tamanha maldade, mandando à prisão alguém inocente e questionou:

— Minha irmã, porque fez tamanha maldade com uma criatura com idade avançada? Não sentiu nenhum remorso ou piedade? Quanto tempo aquela infeliz ficou na prisão?

Tamires suspirou fundo e respondeu:

— Eu não lhe disse que era uma criatura impiedosa e que não merecia perdão? Na verdade não senti nenhum remorso, apenas fiquei aliviada ao ver que alguém havia assumido a culpa em meu lugar. Quem mandou que ela fosse tão abelhuda? Na época, eu não tinha sentimentos nem coração, mas hoje me arrependo amargamente de todo mal praticado. Como a infeliz já estava idosa, talvez por piedade, Louis retirou o processo, mas ela ficou prisioneira por mais de um ano. A vida continuou... Sentia-me poderosa, pois, apesar de todos saberem de minhas atividades extraconjugais, ninguém ousava se manifestar. Louis suspeitava de tudo, mas tinha medo de me perder. Por outro lado, eu não tinha escrúpulos em aproveitar ao máximo tudo o que podia, pois meu marido tinha personalidade frágil e fazia de conta de que nada sabia e que tudo estava bem.

Prosseguiu ela:

— Paris fervilhava no jogo do poder. Traições, intrigas e mentiras corriam soltas. Por outro lado, pessoas eram feitas prisioneiras, outras executadas, algumas simplesmente desapareciam... No meio de tantas tribulações, eu me sentia protegida e poderosa, pois o dinheiro e o prestígio de Louis me facultavam proteção e respeito apesar das deformidades de meu caráter. Mas estava enganada com Louis. Depois de alguns anos, num domingo à tarde em que os empregados foram dispensados, estava eu com Raymond desfrutando os prazeres de alcova, quando meu marido entrou no quarto empunhando uma arma de fogo e gritou:

— Miseráveis! Há quanto tempo espero pela coragem de apanhá-los em flagrante delito! Mas hoje finalmente resolvi colocar um ponto final nisso!

Ela parou por instantes como a tomar fôlego e prosseguiu:

— Naquele momento, fiquei estarrecida diante de um fato atemorizante que jamais imaginei que Louis fosse capaz. O que aconteceu no momento seguinte deixou-me ainda mais perplexa: Raymond, num gesto rápido, segurou-me pelos braços, escudando-se por trás de meu corpo. Louis apontou a arma, mas titubeou em apertar o gatilho. Foi o suficiente para um soldado jovem, acostumado à autodefesa, com um forte impulso, empurrar-me de encontro ao meu marido que, desequilibrado, caiu. Raymond imediatamente se envolveu em uma feroz luta corporal. Em poucos minutos, dominou completamente seu adversário. Apanhou a arma e disparou contra seu peito. A morte de Louis foi instantânea, mas o próprio Raymond, com voz de comando, tomou conta da situação, tramando de forma que tudo parecesse um latrocínio seguido de assassinato.

Ainda ela:

— Como a *maison* estava deserta e o estampido da arma não fora ouvido por ninguém, posicionamos o corpo de Louis nos aposentos onde costumava guardar suas jóias e peças preciosas. Precisávamos de um infeliz que assumisse a culpa pelo assalto, o que não foi difícil para Raymond na condição de policial que prendia à revelia. Um pobre diabo que vagava pelas ruas foi feito prisioneiro e trazido à mansão, sendo assassinado em frente ao corpo de meu marido. Tudo ficou armado de forma que a tese da tentativa de latrocínio e assassinato diante da reação da vítima, que também foi morta por Raymond na defesa de seu patrão, foi plenamente aceita.

Prosseguiu ela:

— As coisas andavam conturbadas. Apesar de toda influência de meu marido, é como diz o adágio popular: rei morto, rei posto. As explicações de Raymond foram convincentes. Agora, nada mais atrapalhava nosso relacionamento pecaminoso. Todavia, com o passar dos anos, Raymond tornou-se seguro de si e insuportável em nosso relacionamento. Eu havia herdado uma imensa fortuna, mas quem usufruía de todas as vantagens era meu amante e cúmplice, gozando a vida em farras e dissipações com mulheres da vida, evidentemente mais belas e jovens que eu. Chegou ao absurdo de trazê-las para a mansão em noitadas de orgia. Agora era eu que me via na condição de desprezada e acovardada, pois toda vez que tentava conversar com Raymond, ele prontamente revidava com raiva e desprezo:

— Cale sua boca, pois você é uma mulher desprezível. Deveria ficar feliz pelo fato de não denunciá-la nem entregá-la à justiça.

Facilmente me livraria de você, pensa que não? De você, tenho apenas nojo e repulsa. Fique longe de mim e sinta-se feliz por não fazê-la desaparecer para sempre. Ninguém notaria sua falta...

Tamires prosseguiu:

— As ameaças veladas de Raymond me assustavam. Eu sentia em seus olhos que ele seria bem capaz de fazer o que dizia e então me acovardei. Dessa forma, tenho vivido os últimos anos como um farrapo humano. Habito em uma mansão luxuosa, ainda tenho muito dinheiro, mas não sou mais eu mesma. Sou uma criatura que vaga pelas sombras da noite nos corredores da mansão sem conseguir dormir, nem ter sequer um minuto de paz, alegria e serenidade. Quando consigo adormecer, tenho pesadelos tenebrosos em que figuras monstruosas querem me arrastar para lugares trevosos. Às vezes, tento me distrair saindo pelos campos, mas não sinto nenhuma alegria observando as flores, o canto dos pássaros ou a brisa em meu rosto, porque a vida perdeu completamente o sentido para mim.

Tamires lamentou-se:

— Dia e noite, sem tréguas, tenho pensamentos de rancor e ódio de tudo e de todos, mas ultimamente um sentimento tem se abatido de forma impiedosa em meu coração, dominando totalmente minha mente e meu espírito: o remorso que corrói minha alma e não me deixa nem um segundo sequer em paz. Lembro-me de Selene, de você, de papai, mamãe e de meus tios e me dá uma agonia profunda e uma vontade de chorar incontrolável. Não consigo segurar as lágrimas, então, choro copiosamente. Raymond tem me visto nessa situação lamentável e ainda ri de minha situação, me maltrata e me despreza: "Olha só que farrapo de criatura desprezível que você se tornou. Não consigo imaginar como um dia eu consegui me deitar contigo. Vamos, saia de minha frente, sua vagabunda, antes que eu dê um fim em sua vida miserável!"

Marcus Vinícius ouvia a confissão sentindo-se penalizado, enquanto Tamires se desmanchava em lágrimas.

— A verdade, Marcus, é que estou arrependida de todo o mal que pratiquei. O remorso corrói minha alma, mas reconheço que estou colhendo tudo o que semeei. Fui uma mulher que só pensou no mal, semeou discórdia e se envenenou pelo ciúme. Fui até cúmplice de assassinato de meu marido e covarde quando não consegui dizer a verdade às autoridades, mas o que me pesa mesmo no coração é o remorso de todo o mal que pratiquei contra Selene.

Tamires continuou sua confissão:

— Hoje fico recordando a figura de minha irmã e confesso que choro muito, pois ela não merecia o mal que lhe fiz. O que fazer, Marcus? Quero aliviar a agonia de minha consciência que me acusa dia e noite sem tréguas. Em pesadelos vejo figuras horrendas que me perseguem e se divertem com minha situação. Por favor, apenas você me restou e sei que seu coração é puro como de Selene. Somente você poderá me trazer o alívio que tanto procuro para meus tormentos sem trégua. Por favor, não tenho coragem de pedir a Cristo que me perdoe, mas se me disser que perdoa, já me sinto melhor!

Tamires havia concluído sua confissão e sua voz era uma súplica comovente em meio a soluços e lágrimas que desciam abundantes, molhando seu rosto. O sacerdote também chorava. Sua vontade era gritar por Selene, dizer quanto a amara e se o tempo voltasse para refazer seus planos, gostaria de ter-se casado com a prima, constituído família e quem sabe hoje ela ainda estaria viva e com filhos para enfeitar a vida. Mas aquela era a situação do momento: diante de si, uma mulher sofredora em virtude das próprias mazelas praticadas, mas, como sacerdote, tinha de olhar com os olhos do Cristo: era apenas uma criatura sofredora e arrependida que necessitava de uma palavra de conforto, do perdão. Dessa forma, buscando no íntimo de sua alma forças que jamais imaginaria encontrar, respondeu:

– Sim, minha irmã, eu a perdôo em nome de Cristo! O Divino Amigo nos perdoou indistintamente, até seus próprios algozes no instante supremo da cruz. Com aquele exemplo, deixou claro que sempre perdoaria, inclusive quando nos exortou que perdoássemos não apenas sete vezes mas setenta vezes sete! Então eu a perdôo de coração e ainda recordo do que Jesus dizia: vai e não peques mais!

Aquelas palavras foram proferidas com profunda emoção e a voz embargada pelas lágrimas. O sacerdote sentia que um nó se formava em sua garganta e sufocava sua respiração. Com os olhos nevoados, observou pela treliça do confessionário que Tamires se afastava com o corpo curvado como se tivesse um formidável peso sobre os ombros.

Naquela noite, Marcus chorou muito e orou a Jesus pedindo forças e inspiração. A triste figura daquela mulher se afastando sob o pesado fardo do remorso era o pior dos castigos. No fundo, em seus pensamentos, o sacerdote sentia-se arrependido por não ter oferecido àquela infeliz criatura sua amizade e sua atenção. Quem sabe tentar recuperar aquela alma perdida! Sim, era o que faria se ela retornasse à igreja. Certamente, Selene ficaria feliz se, apesar de todas as maldades, Marcus realmente demonstrasse com atitudes que o perdão não era simplesmente palavras ditas no confessionário, mas sim a palavra do Cristo para curar as feridas daquela alma dilacerada pelos próprios equívocos.

No domingo seguinte, o sacerdote iniciou o ofício matinal olhando instintivamente para a rua na esperança de ver novamente a carruagem de Tamires. O tempo passou. Quase no final da pregação da palavra do *Evangelho*, que faz referência à Parábola do Semeador, encostou a imponente carruagem.

Intimamente, o sacerdote sentiu certo alívio e alegria ao observar que se ela havia retornado, era porque a confissão lhe trouxera, de certa forma, um alento para sua agonia. Diferente da vez anterior, Tamires aparecia em condição mais discreta, com roupas elegantes, mas discretas. Sentou-se junto às mulheres de condição mais modesta e acompanhou a palavra final cabisbaixa. Aquela atitude trouxe íntimo regozijo para o sacerdote que entendeu que seu coração possivelmente havia sido tocado pelo perdão da confissão.

Terminada a missa, como de costume, todos os fiéis, sem exceção, sempre queriam uma palavra, um carinho, um afago do sacerdote que era muito querido por todos. Tamires aguardou pacientemente até que todos se retirassem para conversar com Marcus Vinícius. Finalmente a sós na igreja, ela se levantou, o abraçou com força – suas lágrimas molharam a batina do sacerdote – e disse-lhe palavras de agradecimento:

– Deus o abençoe sempre, Marcus! Você é um santo que, em sua misericórdia, Jesus colocou em meu caminho para me mostrar que nunca é tarde para recomeçar! Sinto ainda em meu coração que tenho que melhorar muito. Esta semana tenho me sentido muito bem, até já consegui a bênção do sono por algumas noites! Obrigado de coração, meu primo, você é um verdadeiro santo!

O sacerdote estava realmente sensibilizado com as palavras de Tamires.

– Não me agradeça Tamires, agradeça antes de mais nada a Deus e a Jesus, nosso Divino Mestre! Deus nos deu a bênção da vida e Jesus nos ensinou a amar e perdoar sempre!

– É verdade, sempre zombei de tudo isso e nunca me importei muito com os ensinamentos de Jesus, mas hoje mudei meus conceitos e vou dizer-lhe uma coisa: Jesus necessita de discípulos sinceros e puros de coração como você é e também foi Selene, pois, caso contrário, como poderá ele se manifestar em amor e bondade neste mundo de interesses mesquinhos e jogos sujos pelo poder sem instrumentos fiéis e desprendidos das coisas do mundo?

Marcus reconheceu ponderação nas palavras de Tamires. Ele que estivera recluso e que tanto questionara os jogos de interesses em que se usa o nome do próprio Cristo para atingir objetivos egoístas de muitos que apenas vêem os interesses imediatos em detrimento das necessidades do rebanho que o Sublime Pastor tanto exemplificara. Entretanto, aquele não era o momento para questionamentos, mas a ocasião de servir e auxiliar uma criatura desventurada a encontrar o caminho da redenção diante de Jesus!

– Ah! Tamires, quantos erros e equívocos cometemos motivados por nossa imperfeição, porquanto ainda somos portadores de tantos defeitos! Você diz que sou santo, mas tenho consciência do quanto ainda necessito de melhoria na alma! Ainda luto contra minhas dificuldades íntimas e, não fosse pelo amor ao Cristo, certamente também teria sucumbido neste mundo de tantos interesses e conflitos. Mas me fale de você, fico feliz que está bem melhor e certamente vai melhorar cada vez mais se realmente estiver disposta ao reencontro com Jesus em seu coração.

A dama conseguiu esboçar um sorriso diante das palavras amorosas do sacerdote.

— Você me diz palavras inspiradas, Marcus, pois o que mais desejo neste momento é realmente reencontrar Jesus em meu coração. Confesso que ainda não me sinto digna nem merecedora de tal graça! Não sei se terei coragem nem forças para tal.

O sacerdote abraçou-a carinhosamente, oferecendo seu apoio espiritual.

— Terá todo meu amparo neste objetivo. Tenha certeza de que se perseverar em suas intenções, será uma vitoriosa.

Sensibilizada e com os olhos orvalhados de lágrimas, Tamires agradeceu:

— Obrigada por todo apoio e compreensão, Marcus. Não quero ser inconveniente, mas gostaria de freqüentar a igreja para aprender com você o *Evangelho*. Se não o incomodar, poderia mandar a carruagem apanhá-lo quando eu não puder por algum motivo aqui comparecer. Então, você ministraria seus ensinamentos em minha mansão.

Assim aconteceu. Durante alguns meses, Tamires freqüentou regularmente a igreja, demonstrando que aos poucos assimilava os ensinamentos valiosos do *Evangelho*. De vez em quando, por algum impedimento, mandava a carruagem em busca do padre, que se dirigia à riquíssima *maison* de Lefébre. Quando isso acontecia, Marcus sentia-se mal, principalmente na presença de Raymond, que não o olhava com bons olhos, mas tinha de prosseguir para que Tamires não perdesse o estímulo.

Era uma terça-feira como outra qualquer. O sacerdote estava cuidando do jardim da igreja quando chegou a carruagem de Tamires com uma mensagem: que ele se dirigisse à sua mansão, pois ela necessitava tratar de assunto de extrema urgência. Preocupado, Marcus mal lavou as mãos e se dirigiu até lá. Encontrou Tamires em pranto: ela e o ex-amante e cúmplice haviam se desentendido mais uma vez. Dessa vez Raymond fora longe demais, pois havia agredido Tamires, que estava com o corpo coberto de hematomas.

Marcus sentiu pena daquela criatura sofrida e a abraçou carinhosamente, confortando-a. Tamires chorava copiosamente. Procurou acalmá-la e entender o que havia acontecido, mas ela estava descontrolada.

— Ah! Marcus, não sei mais o que fazer, porque Raymond me ameaçou de morte. Acho que estou correndo sério risco, pois sei do que ele é capaz.

— Procure se acalmar, minha irmã, pois acho que está na hora de conversar um pouco com Raymond.

— Por favor, Marcus, não faça isso. Você não sabe do que ele é capaz; além do mais, ele não gosta de você. Poderá agredi-lo!

— Ele não seria capaz de uma coisa dessas. Fique tranqüila que saberei manter o respeito e a autoridade.

— Espero que você tenha razão, não me perdoaria se algo ruim acontecesse consigo por minha causa.

Enquanto conversavam, não perceberam que Raymond havia chegado. Apresentava-se em estado psicológico visivelmente alterado. Aos gritos, foi proferindo impropérios:

— Você está se queixando a este padreco, sua vagabunda?

Marcus observou que Tamires ficou transfigurada de pavor. Levantou-se com coragem e firmeza e encarou o agressor face a face:

— Meu irmão em Cristo — disse com a voz pausada e firme —, exijo que tenha respeito por essa criatura e respeito à minha pessoa, já que a si mesmo não está dando o devido respeito!

A reação calma, mas firme do sacerdote, provocou um impacto de surpresa no soldado, que com a voz mais controlada redargüiu:

— Quem é você para me chamar a atenção? Você é um padre, mas aqui em minha casa quem manda sou eu, então o senhor fica de bico calado.

Raymond estava alcoolizado e parecia não fazer uso da razão. O sacerdote respondeu com decisão e firmeza:

— O senhor está equivocado, pois, como sacerdote, eu respeito as pessoas em qualquer lugar que seja e também exijo respeito. Quanto ao fato de eu estar nesta casa, estou a convite da senhora Tamires que, pelo que me consta, é a legítima proprietária.

O soldado se apoiou na mesa, rindo em tom debochado, e apontou o dedo em riste na direção de Tamires:

— Ah! Ah! Ah! Faz-me rir, padre, com sua piada! Acho que o senhor não tem idéia de quem realmente é esta digna senhora, seu vigário! Aliás, acho que da missa o senhor não sabe nem o Pai-Nosso! Ah! Ah! Ah! Boa essa piada, não é, seu vigário?

De repente, a fisionomia de Tamires mudou, seus olhos ficaram injetados de ódio. Ela se levantou e esmurrou o peito do soldado, que cambaleou e caiu.

— Miserável! Canalha! Você não perde por esperar, porque uma hora destas eu ainda mato você!

Aquela reação violenta e intempestiva preocupou Marcus, que segurou Tamires pelos braços. A moça estava descontrolada e com uma força descomunal. Assustado, Raymond levantou-se e saiu pelos corredores aos gritos:

— Eles querem me matar! Eles querem me matar!

— Alguns criados saíram para verificar o que estava acontecendo. Raymond apontava para Marcus e Tamires acusando-os:

— Eles me ameaçaram de morte! Eles me ameaçaram de morte! — repetia descontrolado.

Como estava embriagado, alguns criados levaram-no aos seus aposentos enquanto o sacerdote amparava Tamires, que chorava, mas parecia refeita.

— Marcus, perdoe-me por essa cena toda! Eu me descontrolei e confesso que fiquei assustada comigo mesma! Não conseguia controlar o ódio que sentia em meu coração e minha vontade era mesmo de matá-lo! Ainda bem que você estava aqui, pois não sei o que teria acontecido de verdade.

— Você tem de orar mais, Tamires! Espiritualmente você está doente e necessita de mais fé e oração. Venha amanhã à tarde na igreja, passe a tarde comigo e com as crianças. Nós vamos cuidar da horta. O que você precisa mesmo é ocupar mais seu tempo com trabalho e oração.

A dama sorriu melancólica, enquanto beijava a mão do sacerdote.

— Tem toda razão, Marcus, o que eu preciso mesmo é ficar um pouco mais ausente deste ambiente contaminado e ocupar meu tempo com coisas úteis. Obrigado por me convidar, amanhã à tarde estarei em sua igreja para ajudá-lo.

O sacerdote retornou à igreja, mas seu coração não estava tranqüilo. Aquela noite não dormiu bem, tendo acordado diversas vezes com sonhos em que via a figura de Selene ao seu lado tentando transmitir-lhe conforto. Quando ela ia dizer alguma coisa, acordava sem receber a orientação. Apenas tinha a certeza de que deveria estar atento, pois algo ruim estava por acontecer.

No dia seguinte, acordou com aquela sensação desagradável. Fez uma oração matinal pedindo a Jesus amparo e proteção. Entregou-se à leitura para tentar afastar os pensamentos negativos.

Chegaram algumas crianças da vizinhança, por isso o sacerdote começou o trabalho mais cedo na horta comunitária. Elas sentiam-se felizes com a atividade, pois o padre contava histórias enquanto trabalhavam. Como de costume, almoçariam com o padre. Sempre tinha alguma guloseima de surpresa – a criançada adorava.

A presença das crianças, o trabalho, a luz do Sol que irradiava no céu azul contribuíram para espantar os fantasmas que povoavam os pensamentos do padre, que, daí a instantes, estava sorrido e cantando com as crianças.

Almoçaram na companhia do sacerdote, enchendo de alegria o pequeno espaço do minúsculo aposento que era improvisado para um pequeno refeitório. Uma das coisas que mais alegrava seu coração era ver as crianças, em sua pureza e simplicidade, entoando cânticos de louvor a Jesus. Terminado o almoço, retornaram aos seus lares, cada uma com um maço de hortaliças e legumes. Marcus aproveitou para ler mais um trecho do *Evangelho*, detendo-se no Sermão do Monte quando Jesus dizia: "Bem-aventurados os que sofrerem perseguição por amor à justiça, porque deles é o Reino dos Céus"[15].

Ficou meditando naquela mensagem confortadora, na certeza de que em nome de Jesus teria de estar preparado para os testemunhos e, se necessário, enfrentar as perseguições com coragem e amor no coração.

Já passava das 14 horas quando finalmente chegou a carruagem. Marcus foi ao seu encontro e observou que Tamires parecia completamente transtornada, correndo em sua direção. Aos prantos, mal conseguia articular algumas palavras.

— Marcus... por favor... preciso confessar-me... para aliviar meu coração... estou aflita. Uma... terrível tragédia... aconteceu — informou entre soluços.

— Acalme-se, Tamires, venha comigo ao confessionário e me conte tudo — disse o padre tentando acalmá-la. Envolveu-a com um abraço fraterno de proteção.

A dama ajoelhou-se enquanto o padre posicionou-se no confessionário.

---

[15]. Mateus, 5: 10. (N.M.)

— Vamos, minha irmã, abra seu coração a Cristo. Fale toda verdade, o que deseja confessar?

Em lágrimas copiosas, Tamires revelou a angústia de seu coração:

— Marcus, você é um irmão que eu amei mais que tudo nesta vida. Apenas você depositou confiança em mim apesar de todas as coisas erradas e as maldades que pratiquei.

Tamires interrompeu por instantes sua confissão para chorar. O sacerdote permaneceu em silêncio, respeitando o momento difícil daquela criatura que semeara tantas discórdias e agora colhia o resultado de sua semeadura.

— Minha vida está insuportável naquela casa — continuou —, mas eu ainda procurava encontrar motivos para prosseguir, com seu auxílio e sua compreensão. Mas confesso que hoje não suportei. Raymond chegou mais uma vez embriagado e descontrolado e tentou me bater, e eu me refugiei no quarto. Esperei que ele adormecesse, o que não demorou muito. Então, apanhei um punhal e, decidida, resolvi colocar um fim em tudo aquilo. Aproximei-me cuidadosamente e, quando estava perto, ele pressentiu o perigo que corria e acordou. Então cravei o punhal bem fundo em seu coração. Raymond deu um grito medonho e caiu no chão em uma poça de sangue. Com o barulho, a criadagem correu a tempo de ver o que havia acontecido. Desesperada, vim imediatamente para a igreja. Não sei o que fazer.

Como confessor em nome de Cristo, o sacerdote ouviu-a. A despeito de sua própria angústia, tinha que encontrar forças e equilíbrio para orientar aquela mulher em desespero.

— Minha filha, perante as leis divinas, você terá sempre o amparo misericordioso do Senhor e conquanto tenha que responder por seu ato diante do Criador, você também terá que encontrar coragem e assumir diante das leis humanas as conseqüências por seus atos. Tenha confiança, porque estarei ao seu lado, oferecendo-lhe apoio e reconforto espiritual neste momento tão difícil.

— Mas tenho medo, Marcus, não posso confessar este assassinato. Se fizer isso, serei condenada à morte.

— Se você se confessar verdadeiramente arrependida e procurar o perdão de Deus, deve ter a coragem de assumir essa atitude. Você tem atenuantes importantes e eu mesmo poderei depor como testemunha em seu favor por ter presenciado as diversas agressões sofridas por você e a brutalidade de Raymond.

Mas Tamires não parecia com coragem para tal gesto.

— Preciso de tempo para pensar o que fazer, Marcus. Na verdade, estou muito assustada e minha cabeça está confusa. Perdoe-me. Agora vou retornar à mansão para ver como estão as coisas. Perdoe-me — lamentou mais uma vez em lágrimas. Em seguida, de forma intempestiva, levantou-se e abandonou a igreja.

Saiu correndo, tomou a carruagem, que partiu em disparada. O sacerdote ainda tentou alcançá-la, mas em vão.

Marcus dirigiu-se ao altar, ajoelhou e orou. Uma emoção forte tomou conta de seu coração. Parecia-lhe naquele momento que Selene estava ao seu lado acariciando seus cabelos que já começavam a ficar grisalhos nas têmporas. Era como se ouvisse a voz de sua amada dizendo:

— Tenha coragem e confie em Jesus. Apenas Ele pode nos amparar nos momentos de dor e tribulação. Prepare-se, pois ainda terá que dar testemunho pelo amor do Cristo.

Levantou-se. Ainda com o coração inquieto, dirigiu-se ao jardim, onde rosas vermelhas desabrochavam. O sol declinava em direção ao poente, e algumas nuvens brancas toldavam o céu azul de outono. Seu coração estava entristecido sem entender muito bem os motivos. Enquanto cuidava das flores, lembrou-se de doces momentos de sua infância ao lado da prima, de Tamires, quando chegou com seu rosto entristecido pela miséria, o carinho de sua mãe e o sorriso de seu pai.

Entretido em seus afazeres, não percebeu que as horas passaram rápido. Já eram quase dezoito horas quando alguns policiais entraram na igreja à sua procura. Preocupado com aquela visita, mas com o coração confortado na confiança da fé em Cristo, caminhou resoluto em direção dos representantes da lei.

— Padre Marcus Vinícius? — perguntou o sargento.

— Eu mesmo — identificou-se o sacerdote. — Em que posso servi-los?

— Acompanhe-nos, por favor, ao Distrito — intimou o policial. — Temos uma ordem judicial para que nos acompanhe para prestar esclarecimentos ao chefe de polícia.

— Que tipo de esclarecimento? Existe alguma acusação formal contra minha pessoa?

O policial olhou com a fisionomia séria o sacerdote e, por fim, respondeu:

— Sim, senhor, existe uma acusação de assassinato.

Marcus ficou lívido, sentindo suas vistas escurecerem e as pernas fraquejarem. Naquele momento, no silêncio de sua alma, uma voz lhe dizia: ore e confie em Jesus!

— Meu Deus! — exclamou — Eu acusado de assassinato? Por quem?

— Não podemos fornecer os detalhes, padre. Apenas temos ordem de que nos acompanhe. Na chefatura, o senhor terá todos os esclarecimentos. Por favor, acompanhe-nos. Em respeito à sua condição de padre, não iremos algemá-lo, mas terá de se comprometer que não tentará nenhuma reação nem tentativa de fuga.

Com lágrimas nos olhos, o sacerdote olhou para o policial, respondendo com firmeza e serenidade:

— Fique tranqüilo, policial. Poderá cumprir sua missão sem preocupação, pois o verdadeiro discípulo jamais temerá as injustiças dos homens nem se furtará ao testemunho necessário pelo amor do Cristo.

Chegando à chefatura, o sacerdote foi conduzido imediatamente à presença do chefe da polícia, tomando conhecimento do que estava ocorrendo.

A polícia havia sido chamada à mansão de Lefébre, pois havia ocorrido o assassinato do soldado Raymond. Quando lá chegou, a criadagem não soubera dizer o que havia ocorrido. Apenas que o corpo do policial jazia estendido no chão envolto em uma poça de sangue. Foi apurado que a morte fora causada por um objeto pontiagudo que perfurara o coração da vítima. A primeira pessoa de quem a polícia suspeitou foi a *mademoiselle* Tamires, que tinha ligações amorosas com a vítima, mas no momento não estava em casa. Depois de algum tempo enquanto removiam o corpo, chegou *mademoiselle* extremamente abalada dizendo que o assassino era padre Marcus Vinícius.

Ela informou que o padre estava em sua casa quando Raymond chegou alcoolizado. Como ficou irritado com a presença do padre, tentou agredi-lo. Então o padre desferiu-lhe um golpe com o punhal na tentativa de sua defesa. Inclusive, havia laços de parentescos entre eles. Diante da gravidade da acusação, o chefe da polícia ordenou a intimação imediata do sacerdote e a busca da arma assassina, desaparecida do local do crime, na igreja e na residência do padre. Infelizmente, o punhal foi encontrado envolto em um pano manchado de sangue, supostamente da vítima, ao lado do confessionário.

Marcus então compreendeu a armadilha de que fora vítima. Para se safar da responsabilidade do crime, Tamires fingiu a confissão e deixou propositadamente, ao lado do confessionário, a arma para que fosse encontrada com certa facilidade, preparando a acusação injusta.

Diante dos fatos, o religioso foi conduzido à prisão onde amargou mais de dois anos de reclusão injusta.

Diz o ditado popular que "não há bem que sempre dure, nem mal que não se acabe". Os dias passaram lentamente para Marcus, mas o sacerdote trazia em si uma fé inabalável: um dia haveria de ser esclarecida a verdade. Dois anos passaram desde sua prisão. Quem não estava bem era Tamires. Cada vez mais dementada, vagava pelos corredores da mansão como uma alma penada. Não dormia à noite e durante o dia se entregava à bebida para buscar na inconsciência alcoólica o esquecimento das maldades praticadas. Mais parecia um fantasma, um farrapo humano, que, em delírios, dizia-se perseguida por monstros horrendos que queriam matá-la.

Por ser um sacerdote e por seu comportamento humanitário entre os demais prisioneiros, Marcus era respeitado e muito querido por todos, inclusive pelos guardas da prisão, que lhe concediam regalias. Diariamente, o sacerdote pregava o *Evangelho*, falava de Jesus entre aqueles que com ele dividiam o exíguo espaço da prisão. O sacerdote pregava a Boa-Nova com emoção. Constantemente os prisioneiros choravam diante da palavra de amor que liberta, ilumina e esclarece.

O sacerdote trazia ao conhecimento daquelas criaturas embrutecidas e também a outras que a vida simplesmente havia negado uma oportunidade, a figura de um Jesus amigo e humano, que não havia desprezado nem condenado ninguém e que jamais se furtou de levar o consolo a ladrões e pessoas de má vida, pois dizia que o médico viera para curar os doentes. Jesus era o sublime médico que curava as chagas da alma, pois, diante de seus olhos compassivos, todos eram filhos de Deus. Dois anos transcorridos, a cadeia mais parecia uma extensão da sua pequena igreja. Constantemente, sob a complacência do chefe da polícia, os próprios policiais confraternizavam ouvindo as pregações do *Evangelho*.

No fundo da prisão, havia um espaço onde, com a autorização do chefe da polícia, o sacerdote fez um jardim com muitas rosas e flores variadas, modificando o aspecto pesado e lúgubre do lugar. Plantou ainda algumas hortaliças para aproveitar todo o espaço e formar uma horta. No princípio houve alguma relutância, mas depois de alguns meses, todos os prisioneiros se dispuseram a auxiliar o sacerdote, descobrindo que o trabalho era na verdade um prazeroso passatempo para quem não tinha absolutamente nada o que fazer.

Em pouco tempo, a horta produzia resultados que eram oferecidos às pessoas carentes da região. As flores ficaram famosas quando a população soube que eram cultivadas por um padre aprisionado e seus companheiros de infortúnio. Eram vendidas nas feiras de Paris com bastante sucesso, e a renda, destinada ao acolhimento dos miseráveis que perambulavam pelas ruas, pois a miséria campeava por todos os lados também naquela época.

Envelhecidos, os pais de Marcus e seus tios o visitavam constantemente na prisão, levando conforto e carinho. Cornélius e Caio não se conformavam com aquela situação. Apesar de ter contratado um bom advogado, o testemunho de Tamires e a arma do crime foram provas que pesaram contra o sacerdote, condenando-o.

Naquela manhã, como de costume, Marcus levantou-se cedo e fez sua oração matinal. Tomou o desjejum, dirigiu-se ao jardim e observou as belas rosas desabrochando. Distraiu-se com a beleza das flores e do perfume que não percebeu que um policial o chamava:

– Padre Marcus, venha até a sala da chefatura, por favor. É urgente, assunto de vida ou morte!

O sacerdote sentiu o coração bater descompassado, mas procurou a serenidade da oração. O que mais lhe restava? O que poderia ser agora?

Com os passos rápidos, dirigiu-se à sala do chefe da polícia que, com rápidas palavras, esclareceu:

— Padre Marcus, o senhor vai me acompanhar até a mansão de Lefébre, pois recebemos uma mensagem que *mademoiselle* Tamires está à beira da morte e deseja fazer uma confissão à polícia na sua presença.

Naquele momento, o sacerdote pressentiu que deveria preparar seu coração para novas emoções. O que mais Tamires planejava em sua mente doentia? Procurando manter a serenidade e em oração silenciosa, seguiu o chefe da polícia e os demais policiais destacados para aquela missão.

Quando chegaram na imponente mansão, foram recebidos pelos serviçais, que os encaminharam imediatamente ao quarto onde Tamires estava. Quando Marcus penetrou os aposentos, observou que Tamires parecia moribunda. Ela havia se transformado numa horrenda figura. O rosto desfigurado, olhos inchados que pareciam querer saltar das órbitas, cabelo em desalinho...

Seus olhos pareciam mortiços, mas, quando identificou a presença de Marcus, parece que um lampejo de vida e energia novamente se assenhoraram daquele corpo enfraquecido. Tamires deu um grito, assustando os presentes:

— Marcus Vinícius, meu primo querido, meu irmão amado! Perdoe-me, perdoe-me, perdoe-me! — repetiu em soluços contínuos.

Todos estavam admirados e assustados diante daquela criatura que mais parecia um fantasma em carne e osso, mas que comovia a todos com as suas lágrimas.

— Perdoe-me, meu primo querido, por todo mal que pratiquei. Sei que estou vivendo o momento mais solene e grave de minha vida. Diante da morte, do desconhecido, não podemos mais fingir, apenas dizer e restabelecer a verdade, reconciliar-nos e pedir perdão por todo mal que praticamos. Sei que em poucas horas não existirei mais para o mundo da matéria e deverei prestar contas dos meus atos ao Criador e, por isso, diante de todos, inclusive da própria polícia quero fazer minha confissão e dar meu testemunho para que a verdade seja finalmente esclarecida!

Para quem estava agonizante, Tamires parecia ter recuperado momentaneamente energias desconhecidas, pois sua voz soava audível e clara no ambiente.

— Quero que todos saibam que em muitos instantes sinto que perdi a razão e às vezes eu mesmo me acho louca, mas, neste momento, gozo plenamente de minhas faculdades mentais. O chefe de polícia está presente? – perguntou com voz resoluta.

— Sim, estou presente, *mademoiselle*. Também meus comandados, todos estamos prontos para ouvir sua confissão.

— Pois bem – continuou Tamires –, quero confessar que durante toda minha vida amei meu primo Marcus, que hoje é sacerdote. Infelizmente, o amor que eu oferecia era possessivo, egoísta e interesseiro e jamais pude competir com o amor puro e sublime que meu primo sentia por minha prima Selene. Eu fui a responsável direta pela morte de Selene no convento. Fui também, juntamente com Raymond, responsável pela morte de Louis Lefébre. Planejamos matar meu marido para ficar com sua fortuna: fomos cúmplices nesse plano diabólico. Por fim, quando não mais suportava a violência de Raymond, confesso que o assassinei. Assassinei com estas mãos que estão sujas de sangue. Culpei meu primo, escondi o punhal ao lado do confessionário e o denunciei por ter cometido o crime. Vocês entenderam o que eu disse? O padre Marcus Vinícius é inocente e eu sou a verdadeira assassina do policial Raymond.

A vitalidade de Tamires parecia se exaurir aos poucos. A moribunda agora parecia extenuada diante do enorme esforço despendido. Voltou sua face procurando o sacerdote. Quando seus olhos mortiços fixaram-se em Marcus Vinícius, encheram-se de lágrimas. Com a voz trêmula balbuciou:

– Perdoe-me, Marcus, perdoe-me, por favor! Você, que tem um coração puro, por favor, não negue esta caridade. Você está diante de alguém que, apesar de tudo, o amou de verdade durante toda vida e que, daqui a instantes, deixará o mundo dos vivos! Não me negue a caridade do seu perdão! – concluiu sua rogativa em choro convulsivo.

Emocionado e com os olhos marejados de lágrimas, o sacerdote se aproximou do leito e abraçou Tamires, que soluçava compungida. Com a voz embargada, Marcus acariciou seu rosto, depositando um beijo em sua fronte.

– Eu a perdôo, minha filha! Eu a perdôo por todo mal que tenha praticado, pela memória de Selene. Perdôo pelas tristezas que trouxe ao meu coração e de meus pais. Perdôo em nome de Cristo Jesus! Se a paz de sua alma depender apenas do meu perdão sincero, eu lhe digo: vá em paz. Descanse na paz de Cristo, nosso Senhor!

A moribunda parecia que apenas esperava o pronunciamento daquelas palavras, pois deu um gemido profundo e exalou um último suspiro, entregando sua alma atormentada ao Criador, enquanto ainda uma lágrima descia por seu rosto descorado. A consternação era geral. Mesmo os policiais, acostumados a ver tantas cenas de violência do cotidiano, também ficaram emocionados.

Diante da derradeira confissão de Tamires na presença de várias testemunhas, Marcus foi inocentado e libertado. Entretanto, o sacerdote jamais se esqueceu dos infortunados companheiros de cela. Com autorização da chefia da polícia, todos os domingos comparecia à cadeia para, em um altar improvisado, orar juntamente com aqueles irmãos prisioneiros.

Sentia-se feliz ao verificar que, apesar de tudo, nada fora em vão. O período em que permaneceu recluso foi um instrumento valioso de Cristo, levando a palavra do *Evangelho* a tantos corações que se transformaram em favor do bem. A horta e o jardim continuaram sendo cuidados pelos prisioneiros que mudaram a postura e a conduta. Muitos conquistaram a liberdade com o coração transformado pela verdade que ilumina e liberta. O sacerdote tinha plena convicção de que nem tudo estava perdido no ser humano. Realmente, para a melhoria do homem, é necessário o esclarecimento que ilumina, a palavra que liberta, o exemplo que transforma e o trabalho que dignifica.

O tempo passou e seus pais retornaram à espiritualidade. Marcus estava com 84 anos. Corria o ano de 1857 e o corpo físico do sacerdote refletia o peso dos anos. Apesar de sua mente estar na plenitude do raciocínio e da razão, sua saúde se apresentava bastante debilitada. Sentia que seus dias de existência terrena se aproximavam do fim, e seu coração recordava com saudades da inocência da infância e da juventude que vivera com Selene.

O desejo de servir ao Mestre sempre mantivera a chama da fé acesa, mas, no transcorrer da vida, enfrentara desencantos e quantas vezes se encontrava questionando a si mesmo, diante das imposições da igreja, os dogmas, as arbitrariedades cometidas pela Inquisição e os absurdos acobertados pelo Santo Ofício.

A fé em Cristo continuava inabalável em sua alma, mas os questionamentos eram muitos e o sacerdote tinha plena certeza de que além, muito além dos pergaminhos e manuscritos manipulados pela Igreja, deveria haver explicações razoáveis e racionais para tantas indagações sem respostas. O próprio sacerdote chegara a manifestar, em suas pregações, que Deus, o Criador soberanamente bom e justo e a inteligência suprema do universo, jamais poderia criar uma humanidade inteira para que, no espaço restrito de apenas uma existência, condenasse as criaturas às penas do fogo eterno sem remissão.

As opiniões do sacerdote começaram a perturbar a alta hierarquia da Igreja, mas Marcus Vinícius tinha um passado respeitável, suas obras falavam por si, sua conduta sempre fora irrepreensível e sua idade avançada lhe dava autoridade para não ser incomodado. Entretanto, alguns membros do clero se sentiam incomodados e, nos bastidores, as tramas continuavam sórdidas e impiedosas. O poder corrompe, transforma, envenena, rebaixa e desequilibra as mentes de moral debilitadas. Aqueles que se incomodavam com a palavra inflamada do sacerdote, tramavam sorrateiramente para encontrar uma desculpa que justificasse seu afastamento.

No final do mês de abril de 1857, tomou conhecimento de um livro que estava provocando verdadeira revolução nos meios intelectuais de Paris. Um jovem intelectual, que freqüentava a igreja, num domingo, após a missa, o procurou e com entusiasmo apresentou um livro, cuja capa trazia um título sugestivo: *O Livro dos Espíritos*.

O sacerdote pegou o livro e sentiu que uma emoção estranha sacudiu todo seu corpo. Envolvido por leve perfume de rosas, abriu-o ao acaso e notou que estava no Capítulo seis, cujo título era: "Retorno da vida corporal à vida espírita".[16]

Era como se um ímã atraísse sua atenção para a leitura. Deteve-se na questão 101, que lhe pareceu extremamente intrigante, pois tratava do instante da morte. Aquele era um assunto que sempre o instigara e o leu com sofreguidão. Quanto mais lia, mais desejava ler. Percebia que estava diante de algo extraordinário, que sempre havia procurado e que não fazia idéia do que seria, mas, agora, como um desígnio do destino, viera a suas mãos. O capítulo seguinte esclarecia sobre as "Múltiplas encarnações". Naquele momento, encontrava finalmente a chave do enigma, a resposta de todos os questionamentos que sempre

---

16. O autor refere-se a *O Livro dos Espíritos*, de Allan Kardec, na sua primeira edição, com 550 perguntas. A partir da segunda edição, publicada em 1860, a obra foi revisada e ampliada e passou a conter 1.019 questões e nas edições atuais a questão assinalada corresponde à pergunta 149. (N.E.)

fizera em toda vida.Comovido, abraçou o jovem que, feliz, observava o interesse do sacerdote pelo brilho em seus olhos.

– Antoine, meu filho, muito obrigado! Vou lhe agradecer pelo resto de minha vida! Você não imagina a preciosidade que me traz em mãos. Por favor, poderia deixar comigo? Este é um livro que desejo não apenas ler com atenção, mas estudar com cuidado e compreender a beleza da lógica que contém a misericórdia divina!

Capítulo 10

Só o amor é eterno

Marcus leu o livro avidamente. Marcou os pontos que mais tocavam sua sensibilidade e que convergiam com seus pensamentos e idéias a respeito da justiça divina, que não castiga nem condena, que não privilegia nem desampara, mas faculta a todas as criaturas oportunidades para sua própria elevação e redenção por meio das múltiplas existências em que permite ao infrator se redimir dos erros pela reparação do mal praticado. O espírito, em suas existências, reencontra espíritos cujos laços do amor verdadeiro se estreitam e se solidificam cada vez mais e também seus desafetos, para que no exercício da convivência e das experiências redentoras, pelo perdão, vençam os elos de ódio, transformando-os no sentimento eterno e verdadeiro: o amor de Jesus.

O sacerdote leu, releu, analisou e questionou. Quanto mais se aprofundava nos estudos e análises, mais sentia-se admirado com o profundo teor religioso, filosófico e científico daquele livro extraordinário. Passou a compreender melhor os porquês de sua existência e entender as dores e as provações que vivenciara ao longo de sua vida, sentindo que suas convicções haviam mudado profundamente. Agora havia um sentido, uma lógica, uma razão nos acontecimentos, nos problemas do ser, de suas dores, dos desencantos, dos encontros e até os aparentes desencontros.

Agora compreendia e definia melhor sua sensibilidade espiritual, na certeza absoluta de que os entes que amamos continuam existindo em outra dimensão, guardando os mesmos sentimentos da existência corpórea. Que aqueles a quem amamos continuam nos amando sempre, pois o amor é eterno em sua plenitude, e que um dia todos nos reuniremos sob os auspícios do Criador, que é a essência do amor em sua mais pura definição.

Em suas pregações, o sacerdote sentia ímpetos de falar a verdade que agora iluminava sua existência, mas se recolhia, pois sabia que muitas criaturas que freqüentavam a missa possivelmente ainda não estariam preparadas para ouvi-la. Entretanto, entre uma parábola e outra, emitia conceitos que permitissem esclarecer as pessoas sem criar conflitos. Contudo estava se tornando difícil tolerar os dogmas da Igreja, que contrariavam o raciocínio lógico e a razão.

Apesar de todo cuidado ao expressar suas opiniões nas pregações, o sacerdote estava sob observação de alguns membros do clero que tomaram conhecimento que Marcus havia lido o livro que provocara polêmica no meio artístico e intelectual parisiense.

De forma velada, estava emitindo opiniões contrárias aos interesses e dogmas defendidos pela Igreja.

Finalmente depois de muitas intrigas, o sacerdote foi afastado de sua paróquia sob a acusação que não se encontrava no domínio da razão ao declarar opiniões que feriam frontalmente as orientações da Igreja e do próprio papa. Marcus foi afastado e confinado em um minúsculo quarto de um abrigo de idosos, proibido de qualquer manifestação que viesse ferir os princípios da Igreja.

O Instrutor Pétrus me parecia emocionado com sua longa narrativa. Havia momentos em que percebia que o generoso amigo parecia voltar no tempo e reviver cada momento, relembrando o que certamente havia marcado de forma indelével seu coração sensível. Silenciou por alguns instantes para depois prosseguir:

— O afastamento de Marcus Vinícius foi o golpe de misericórdia para um espírito que havia sorvido naquela existência sua cota de dor e sofrimento. Era injusto relegá-lo ao silêncio exatamente naquele momento em que detinha o mais elevado conhecimento espiritual e que trazia o esclarecimento a respeito de todos os questionamentos do ser humano. Sua saúde, entretanto, estava muito debilitada. A falta de atividade era para ele um tormento sem nome. O que ainda o mantinha vivo era a chama da esperança de que, de alguma forma, poderia encontrar-se com algum membro da nova filosofia espírita para alegrar seu coração. Mas a vigilância era severa e o tempo foi passando.

Pétrus continuou:

– O sacerdote, debilitado, contraiu forte gripe, que evoluiu para uma pneumonia dupla. Nos últimos dias, tinha visões de Selene ao seu lado acariciando seus cabelos já encanecidos. A presença de seu pai e de sua mãe também eram constantes, fazendo com que os enfermeiros levassem em conta de delírio pela doença.

Uma das enfermeiras, Celine, observou que o sacerdote, muito idoso, não resistiria por mais tempo e, ao saber que ele era simpatizante do Espiritismo, procurou dar-lhe mais atenção, carinho e ouvir suas palavras, seus desejos. Diariamente Celine sentava-se à cabeceira do sacerdote e ouvia suas palavras, percebendo que apesar da debilidade física e dos delírios da febre alta, o sacerdote estava em pleno uso da razão, surpreendendo-se com os elevados conceitos filosóficos a respeito da vida. Com o que ouvia, ela também sentia que suas convicções se modificavam, sentindo interesse em conhecer de forma mais profunda aquela nova filosofia. O padre havia mencionado o nome de Antoine, e a enfermeira procurou-o entre os freqüentadores da igreja, e não foi difícil obter informações a respeito de seu endereço.

Naquele domingo, Marcus sentia-se extremamente debilitado, mas espiritualmente estava fortalecido. Estranhou que, desde as primeiras horas da manhã, sua sensibilidade parecia mais apurada. Sua visão se confundia entre o mundo físico e o espiritual. Notou a presença de pessoas desconhecidas ao seu redor em atitudes carinhosas, sorrindo de forma encorajadora e irradiando bondade e simpatia.

Alguns pareciam médicos atuando em seu corpo espiritual com o manuseio de instrumentos como tesouras e bisturis. Tinha a impressão de não mais ter domínio dos pés, das pernas e do tronco. Respirava com dificuldades e, embora tudo lhe parecesse inusitado, aceitava com naturalidade. Quando notou que seus pais também se juntaram ao grupo, apesar do aparente delírio, o sacerdote teve certeza de que seus dias na Terra chegavam ao fim. Sua mãe e seu pai se aproximaram da cabeceira, e Otávia acariciava sua fronte suarenta, ouviu a voz materna que o encorajava:

— Tenha confiança, meu filho, pois seus dias de testemunhos e aprendizado nesta existência finalmente estão chegando ao final. Queremos que se sinta confiante neste momento tão solene em sua vida, pois o esperaremos do lado de cá com muito amor e carinho, como filho amado que é. Nada receie, pois conquistou muitos amigos deste lado.

O sacerdote chorou emocionado. Recordou toda sua vida desde a infância. Uma figura se destacava em sua memória: Selene, com um sorriso jovial e espontâneo, parecia ser a promessa do amor que fora sacrificado pelo desejo de servir ao Cristo. A lembrança de Tamires também ocupava importante lugar em sua memória. Ao lembrar-se da infortunada criatura, seus olhos verteram lágrimas, sentindo profunda piedade e sentimento de perdão. Lembrou-se das crianças da igreja, nos cânticos das tardes de domingo. Recordou os infortunados irmãos da prisão e a emoção que sentia quando aquelas criaturas embrutecidas choravam arrependidas ao tomarem conhecimento da palavra libertadora do *Evangelho* de Jesus. Por que Selene não estava presente?

Apenas havia emitido aquele pensamento, Selene adentrou o quarto, trazendo consigo um grupo de crianças que imediatamente começaram a entoar o cântico que o sacerdote havia ensinado aos jovens da igreja. Seus olhos verteram lágrimas de emoção ante a beleza da visão espiritual que descortinava naquele momento.

Naquele instante, adentrou o quarto a enfermeira Celine, trazendo Antoine em sua companhia. Os dois amigos jamais poderiam imaginar o que se passava na dimensão espiritual, mas, com sua experiência, ao observar os tremores e a respiração ofegante, a enfermeira percebeu que Marcus vivia seus momentos derradeiros no corpo físico. Ao identificar a presença dos amigos, o sacerdote sorriu debilmente e, com dificuldade, num esforço inaudito, conseguiu ainda dizer:

– Obrigado, meus amigos, por me darem esta última alegria. A você, Celine, pela caridade que me dedicou em meus tristes dias de meu confinamento. Você foi um verdadeiro anjo da caridade. A você, Antoine, pela amizade sincera e por ter sido o instrumento de me trazer a luz do conhecimento, que iluminou meus derradeiros dias desta existência. Estou partindo e confesso que vou feliz, com o sentimento do dever cumprido, embora reconheça que tenha feito muito pouco pelo amor de Jesus! Este corpo envelhecido já não suporta mais.

Prosseguiu ele:

– As dores físicas, que me atormentam, deixarão de existir na vida que me espera no Além. Se pudessem sentir uma pálida idéia da realidade espiritual que descortino ante minha visão, ficariam maravilhados! Aqui, ao meu lado, estão as criaturas que mais amei em toda minha vida: meu pai, minha mãe, as crianças e minha adorada Selene! Enquanto espíritos amigos cuidam de minha passagem, sob a orientação de Selene, as crianças entoam lindos cânticos de louvor a Jesus! Tudo é muito lindo. Minhas pobres palavras jamais poderão expressar a beleza de tudo o que vejo!

Emocionados, Celine chorava enquanto abraçava o generoso amigo. Por sua vez, Antoine beijava as mãos enrugadas do velho sacerdote, que tanto haviam trabalhado e abençoado em nome do Cristo.

Auxiliado pelos amigos da espiritualidade, o moribundo conseguiu reunir suas últimas reservas de energia, para, num esforço derradeiro, proferir suas últimas palavras:

— Antoine, meu filho, estude, pratique, ensine e dissemine a filosofia espírita, de acordo com os preceitos contidos em *O Livro dos Espíritos*. Celine, minha filha, procure, sob a orientação de Antoine, o conhecimento dessa verdade maravilhosa que haverá de libertar a criatura humana do cipoal dos enganos mesquinhos, dos interesses religiosos. Conheça a verdade que ela te libertará. Assim nos ensinou Jesus!

Estas foram as últimas palavras do velho sacerdote. Em seguida, exalou um suspiro. Sua cabeça pendeu e seus olhos se fecharam para não mais se abrir nesta existência.

Pétrus fez uma pausa mais longa, visivelmente emocionado pelas lembranças caras que buscava em sua memória. O instrutor estava concluindo sua longa narrativa.

— Assim passou o tempo, Virgílio, como tudo passa na vida. Passou o Império Romano que dominou o mundo durante séculos com o poderio de seus exércitos aparentemente invencíveis. Passaram os imperadores, homens poderosos e absolutos, que decidiam sobre a vida e a morte de tantas pessoas. Passou Nero como uma tempestade destruidora, deixando para trás um rastro de sangue e lágrimas de tantos mártires. Foi-se também Napoleão, como um furacão, e tantos outros poderosos que o tempo se encarregou de fazer ruir e tornar às cinzas que o vento sopra e espalha sem destino, relegados ao esquecimento.

Continuou ele:

– Tudo nesta vida passa, apenas o amor ensinado por Cristo fica perpetuado nos corações das criaturas humanas. A verdade é que, passe o tempo que passar, o amor jamais se apagará dos corações que amam, pois apenas esse sentimento é eterno. Jesus foi a exemplificação do amor, e o Pai Eterno é a essência divina do amor, que é a maior força que movimenta o universo infinito e, por isso, é eterno.

As ponderações de Pétrus continham observações preciosas que anotei com atenção e respeito. O instrutor continuou:

– Após seu retorno à pátria espiritual, o reencontro de Marcus com os entes que lhe eram caros ao coração trouxe um sentimento de alegria e júbilo a todos. Espíritos amigos, cujas afinidades transcendiam os séculos, unidos no compromisso do auto-aprimoramento, do aprendizado e do auxílio fraterno aos demais que ainda purgavam em zonas de sofrimento, inclusive Tamires. Sob a égide de Cristo, iluminados pelo conhecimento do Espiritismo que viera cumprir a promessa de Jesus na condição do Consolador Prometido, Marcus e Selene tinham um objetivo único: reencarnariam no Brasil e, na condição de pais, receberiam Tamires como filha, para que na luz de uma nova fé, pudesse se reabilitar espiritualmente em um lar onde receberia o calor do amor verdadeiro.

Pétrus continuou a esclarecer:

— Dessa forma, no início do século 20, Tamires reencarnou na cidade do Rio de Janeiro como filha de Marcus Vinícius e Selene, na condição de pessoas modestas, mas fortalecidos na fé espírita que haviam abraçado com convicção e alegria. Aquela existência fora de extrema importância para a elevação de Tamires que nascera com graves deficiências congênitas para que, em sua limitação, amparada pelo amor de seus pais, dominasse suas más tendências do pretérito. Era comovente observar o carinho e a paciência daqueles pais abnegados para com a filha deficiente, levando-a consigo para onde iam, principalmente às reuniões espirituais, nas quais recebia passes e tomava água fluidificada. Em sua aparente imobilidade e ausência, ouvia o *Evangelho*, registrando na acústica da alma os preciosos ensinamentos. Tamires teve existência curta, desencarnando aos 25 anos, mas trouxe em seu regresso à pátria espiritual uma nova bagagem de precioso aprendizado, que levaria para a eternidade, pois seu coração já continha os lampejos do verdadeiro sentimento do amor sublimado.

Ainda ele:

— Marcus e Selene continuaram sua existência buscando na Doutrina Espírita o conhecimento da verdade e na oportunidade da prática da verdadeira caridade o cuidado de crianças órfãs e deficientes físicos, fazendo de sua casa uma pequena creche. Eles fundaram uma casa espírita, cuja estrutura permitiu que amigos abnegados dessem continuidade à obra após o retorno de ambos à pátria espiritual. Marcus desencarnou em 1945 e Selene cinco anos depois. Quando se reuniram novamente no plano espiritual, o grupo traçava planos para o futuro. Marcus e Selene apresentavam-se entusiasmados com a experiência vivida sob a égide da fé da Doutrina Espírita, a alegria e o companheirismo de pessoas maravilhosas, que se dedicavam com desprendimento e abnegação na prática e na disseminação da caridade cristã, levando o consolo e o amparo a criaturas necessitadas, independentemente do credo religioso. Quando Marcus comentava suas experiências, seus olhos traziam um brilho de entusiasmo:

– Confesso que a maior alegria que sentia era quando podia enxugar as lágrimas de uma criança abandonada e faminta – dizia o antigo sacerdote –, mas a verdade é que, acima de tudo, o Espiritismo me conforta o coração, pois nos traz de volta os ensinamentos de Jesus em toda sua simplicidade e pureza, sem a ostentação nem os dogmas incompreensíveis que nos quiseram impor ao longo dos séculos. Permitiu-me recordar Jesus em cada gesto, em cada passo, em cada ensinamento, em cada instante vivido pelo Mestre querido, resgatando em mim a alegria de servi-lo com a alegria dos primeiros cristãos que, mesmo diante da morte, sentiam a alegria de morrer por Jesus!

Selene endossava as palavras de Marcus:

– Uma das coisas que mais nos confortava, apesar da vida humilde que levávamos, era o companheirismo de tantas criaturas que, iluminadas pela fé raciocinada da Doutrina Espírita, se uniam em torno de um ideal, encontrando forças e entusiasmo. A despeito das dificuldades materiais, alcançavam as metas e realizavam os projetos, sempre com muita luta e dedicação. Foi uma satisfação ver o sorriso e o brilho nos olhos quando, apesar de não ter recursos financeiros, conseguimos instalar a creche e inaugurar nosso pequenino centro espírita. No primeiro dia de reunião, a palavra do mentor, que hoje sabemos ser você, papai – disse referindo-se a Caio – nos trouxe a lembrança do compromisso maior com Jesus na prática da caridade.

Tamires, apesar de ainda debilitada, já fazia parte do grupo. Enquanto a alegria e o regozijo se manifestava em todos, ela trazia um semblante de tristeza. Exortada para o bom ânimo, com os olhos cheios de lágrimas, ela se manifestou:

– Meus amigos, meus irmãos, meus protetores. Vocês foram para mim tudo o que jamais poderia imaginar nem me considerar merecedora. Confesso que tenho plena consciência de que apenas por misericórdia divina me encontro entre vocês. O que pesa mesmo para mim, agora que tenho a bênção do conhecimento da fé que agasalha meu coração, é o sentimento de culpa que me acusa do mal praticado em minha irresponsabilidade do passado. Estou aqui com vocês e sinto a sinceridade e o carinho que me acolhem, mas não me sinto digna deste convívio fraterno. Sei apenas que é meu desejo sincero resgatar o mal praticado de alguma forma, dando meu testemunho a Jesus para poder desfrutar com alegria e sem nenhum complexo de culpa e, neste mister, ainda necessito do amparo de vocês. Imploro que intercedam por mim para que o mais breve possível reencarne e comece a reparar todo o mal que um dia pratiquei a cada um de vocês.

A pequena assembléia ficou em silêncio e comovida diante da manifestação sincera de Tamires. Depois de alguns minutos, foi Cornélius quem se manifestou, abraçando-a com carinho.

– Serene, minha filha – disse o pai de Marcus, beijando sua fronte e enxugando suas lágrimas –, nosso intento é planejar uma reencarnação que seja muito proveitosa a todos, sob a orientação de nossos mentores maiores, para que possamos nos encontrar em nova experiência redentora na carne, em que, de alguma forma, nos auxilie mutuamente. Você sente necessidade e tem pressa na reparação do mal praticado. Isso é louvável, mas é necessário que antes se prepare adequadamente para que possa suportar e vivenciar as provações na medida exata de suas forças. Enquanto isso, vamos trabalhar nas unidades de socorro fraterno, estudar e exercitar o amor em nossos corações.

Prosseguiu ele:

– O final do século 20 será extremamente difícil para a humanidade, que viverá um período de transição, em que haverá muita carência de amor e incompreensão entre os homens. Será um momento valioso para uma reencarnação, alicerçados na fé raciocinada da Doutrina Espírita que possibilitará a cada um de nós oportunidades extraordinárias de exemplificação num mundo conturbado pelas tribulações das necessidades imediatistas e materialistas do homem moderno, que se afasta demasiadamente de Deus, preocupado apenas com suas aquisições materiais, que a traça corrói e a ferrugem consome. Vamos ouvir o conselho de nossos mentores para a preparação de experiências proveitosas de acordo com as necessidades de cada um.

Marcus endossou as palavras de Cornélius, complementando:

— Nós, que já temos a bênção da fé raciocinada que nos faculta a Doutrina Espírita, temos a oportunidade de servir ao Cristo de forma mais eficaz ao levar o conhecimento do *Evangelho* do Cristo e despertar o coração de tantos amigos nossos ainda endurecidos nas antigas lembranças do poder material. Quantos deles da era romana ainda permanecem nos labirintos da ignorância, aprisionados pelo desejo de posse? Todos já conhecem Jesus e seu *Evangelho* de amor, mas ainda se perdem nas trevas da ignorância, porque não compreenderam os ensinamentos do Mestre em sua essência e sublimidade. São amigos queridos, ainda distantes da verdade que ilumina e que liberta.

Comovida com aquelas palavras, Otávia abraçou o filho.

— Meu querido filho, somos espíritos imortais. O amor que nos une transcende os séculos e se estenderá para a eternidade. Nas diversas existências, poderemos trocar experiências e mudar a vestimenta física. De acordo com a necessidade, é possível que não fiquemos no mesmo circulo familiar, mas certamente estaremos por perto, porque o amor sempre nos manterá unidos, tanto na matéria quanto na espiritualidade. Nosso círculo haverá de se expandir cada vez mais, à medida que resgatarmos mais amigos ao nosso convívio fraterno do amor e da afinidade espiritual.

Continuou ela:

— Passe o tempo que passar, aos meus olhos espirituais, você será sempre o filho querido e amado que um dia carreguei nos braços e tive o privilégio de conviver na era dos césares, época em que o verdadeiro amor brilhou em nossas almas: o amor do Cristo, por quem nos entregamos com alegria. Esses acontecimentos marcaram para todo o sempre nossas almas e jamais se apagará de nossas memórias aqueles dias em que, nas trevas, brilhou a luz de Jesus, oferecendo forças aos primeiros cristãos que deram seu testemunho de amor e não tiveram medo da morte!

Envoltos em sublime luminosidade, o grupo estava sob forte emoção. Com os olhos marejados de lágrimas, Marcus abraçou Otávia e disse:

– Em minha memória espiritual, você será sempre minha mãezinha querida e amada; Cornélius, meu pai; Caio e Vitória, irmãos respeitáveis; Selene, minha eterna amada, e você, Tamires, nossa irmã muito querida e amada a quem devotaremos sempre nosso amor e carinho fraterno.

Todos se abraçaram. Em oração, agradeceram a Jesus, o Divino Amigo, por tantas bênçãos e alegrias.

Transcorridos quase trinta dias, novamente o grupo se reuniu no grande salão do Planejamento Reencarnacionista, localizado no pavilhão da Reencarnação do "Irmão Nóbrega". Na reunião, encontrava-se presente um dos diretores do pavilhão, Instrutor Hermógenes, para esclarecer os pontos principais a serem alcançados na próxima experiência terrena, respeitando e levando em consideração as necessidades, possibilidades e desejos de cada um.

– Após profunda análise dos registros da individualidade de todos vocês – iniciou o Instrutor Hermógenes –, das possibilidades e seus anseios, gostaria de apresentar-lhes o planejamento que levamos a efeito, considerando acima de tudo o melhor aproveitamento possível em termos de realização espiritual sem esquecer a necessidade da reparação dos equívocos do passado. Vamos iniciar com Tamires, que manifestou desejo, pois sente necessidade de resgatar pelo menos parte de seus erros do seu passado equivocado para sentir-se digna diante da misericórdia Divina. Isso é louvável, o que exigirá força e coragem, minha filha – disse o instrutor, dirigindo-se à Tamires.

Visivelmente emocionada, Tamires respondeu com os olhos orvalhados de lágrimas.

– É tudo o que peço, que a misericórdia divina me conceda essa oportunidade. Confesso que também sinto medo de fraquejar, pois sei que meu resgate será doloroso ao experimentar na vida física os rigores da prisão injusta. Mas é o que desejo no fundo de meu coração e peço ainda misericórdia, embora tenha consciência de que não tenho nenhum merecimento para tal. Espero que Marcus ou Selene possam me auxiliar nesta experiência tão difícil que vou vivenciar.

Seus olhos súplices voltaram-se para Marcus e Selene, mas foi o próprio Instrutor Hermógenes quem respondeu.

– Sua vontade será atendida, minha filha. Sabendo de sua determinação e do desejo sincero de seu resgate, Selene antecipou seu propósito nesta próxima existência. Selene será uma advogada idealista que abraçará a causa na defesa daqueles que estão prisioneiros sem condição financeira para remunerar um bom advogado. Ela será a advogada dos desvalidos e mobilizará recursos necessários em seu favor para libertá-la da prisão onde você vai sofrer as conseqüências e resgatar as falhas do passado.

Em lágrimas, Tamires abraçou Selene e Marcus Vinícius e beijou suas mãos. Disse-lhes:

— Não tenho palavras que possam exprimir minha alegria e gratidão por tudo o que fazem por mim. Espero, nesta existência, fazer por merecer o amor e o carinho que me dedicam, justamente eu que tanto fiz para prejudicá-los, meus queridos irmãos!

Diante do quadro de profunda emoção que envolvia o grupo, Hermógenes continuou:

— Por desejo e merecimento, Marcus quer fazer desta próxima existência uma oportunidade de resgatar, para as claridades da fé raciocinada do Espiritismo, amigos do passado na condição de filho de antigos romanos que ainda relutam na busca da luz do Cristo. Será uma existência de renúncia, porque será submetido a uma situação de extrema sensibilidade, culminando em seu desencarne, se para tanto for necessário, para atingir os objetivos traçados. Mas temos plena confiança, pois Marcus traz bagagem necessária para vivenciar esta experiência. Em breve, vai reencontrar Otávia, sua mãe espiritual, que lhe dará força e coragem.

Otávia abraçou seu filho querido e o beijou com carinho e amor. O instrutor prosseguiu:

— Também por manifestação espontânea e merecimento, Otávia reencarnará na missão de buscar, no fortalecimento da Doutrina Espírita, a oportunidade de servir e esclarecer as mentes necessitadas do pão espiritual, sem se esquecer daqueles que têm necessidade do pão material. Otávia vai se casar com um antigo amigo da velha Roma imperial, que necessita de estímulo para encontrar as luzes de Jesus, e isso ocorrerá por meio de seu exemplo dignificante. Será uma trabalhadora incansável em busca da dignidade para os mais necessitados e orientará àqueles que ainda estão nas trevas da ignorância. Otávia reúne condições necessárias e será uma vitoriosa sob a orientação e amparo espiritual de Cornélius, que permanecerá do lado de cá, com atribuições de extrema importância na coordenação de importantes tarefas espirituais.

A alegria se confundia com a forte emoção que envolvia a todos naquele momento. Após breve pausa, Hermógenes prosseguiu:

— Quanto à Vitória Alba, a manifestação de seu desejo foi algo que nos tocou profundamente — disse o instrutor comovido. — Nossa irmã também possui créditos para tal solicitação, sendo seu pedido aprovado na íntegra pela espiritualidade superior, pois tanto Otávia quanto Vitória Alba são conhecidas nas lides superiores que confiam plenamente que nossas irmãs não vão fracassar em seus intentos. Vitória Alba deseja uma existência de dificuldades para, nas duras lições da vida, ampliar o amor fraterno que já anima seu coração e, ao mesmo tempo, conquistar a humildade de espírito. Reencarnará em condições de extrema pobreza, mas será no exercício do trabalho da própria subsistência que estenderá as mãos a outros companheiros do caminho, demonstrando com seu exemplo dignificante que, mesmo na condição de pobreza, o espírito pode superar suas próprias dificuldades, espalhando o bem por onde passe. Vitória Alba viverá na figura de uma criatura esquecida do mundo, capaz de grandes gestos e atitudes, que dignificam a criatura humana.

A vibração do grupo apresentava-se radiante, enquanto suave luz fosforescente descia dos planos superiores da espiritualidade, abençoando os propósitos elevados daquele grupo de amigos cujos amor e afinidade espiritual venceram os séculos incontáveis. Hermógenes, então, concluiu as orientações:

– Enquanto vocês estiverem vivenciando as lutas redentoras da matéria de acordo com o planejamento ora estabelecido, Cornélius e Caio vão permanecer no plano espiritual, na condição de coordenadores responsáveis pelo trabalho do grupo, acompanhando e orientando do lado de cá, para que esta grande empreitada possa ter pleno êxito. No entanto, assumirão também outras responsabilidades nos trabalhos de nossa colônia. A espiritualidade superior confia muito na capacidade de trabalho, disciplina, realização e abnegação pelo amor do Cristo que cada um de vocês trazem em sua bagagem espiritual – comentou Hermógenes, dirigindo-se particularmente a Cornélius e Caio. – No momento adequado, vocês vão tomar conhecimento das responsabilidades que os aguardam. A verdade – concluiu o orientador – é que estamos felizes por vocês, pois sabemos da determinação e do desejo sincero alicerçados no amor do Cristo e sustentados pela fé raciocinada da Doutrina Espírita. Certamente, desta experiência material vão colher bons frutos, sendo coroada de êxito.

A alegria e a esperança estavam refletidas no semblante de cada um. Enquanto todos se abraçavam em regozijo, Hermógenes se despediu.

– Agora os deixo para que possam discutir as esperanças de um futuro dedicado ao amor, que anima seus corações, meus irmãos. O futuro a Deus pertence, mas, quando nos encontramos alicerçados no amor do Cristo, no conhecimento do *Evangelho*, na palavra que ilumina e liberta, na fé que fortalece a alma, antecipamos o futuro, dizendo que será iluminado por luzes que jamais se apagam, pois o amor é eterno, o amor é claridade, o amor é a força que equilibra todo universo! O amor é a luz que se irradia da fonte inesgotável do Criador Eterno e nos dá vida!

Pétrus havia concluído seu longo relato. Confesso que estava impressionado com a narrativa cujas marcas deixaram impressões de forma indelével na memória de todos seus personagens. Eu, que também vivenciara aqueles tempos tormentosos da época de Nero, revivi mentalmente cada lance, cada instante, como se ainda estivesse vivendo naqueles dias, em lembranças vivas, em virtude da forte comoção que provocou em minha sensibilidade. Eu entendia exatamente tudo o que ele transmitira: seus sentimentos, dores, dúvidas, angústias e tormentos, pois também lá estivera. Olhei para o generoso instrutor e, emocionado, o abracei na condição de discípulo que tem consciência de que ainda tem muito que aprender.

O generoso amigo sorriu enquanto pontuava os últimos esclarecimentos.

— Dessa forma, os nomes se modificam em cada existência, mas o espírito é o mesmo de tantas jornadas no palco da matéria. Otávia, a esposa de Cornélius, a conhecemos hoje na figura de Irmã Marcelina. Vitória Alba, a esposa de Caio, veio na figura de das Dores. Selene reencarnou como Cristina na condição de defensora dos fracos e desamparados. Tamires é nossa Clarinda, que sofreu os rigores da prisão aparentemente injustos e recebeu, na condição de filhos, Louis Lefébre e Raymond. Marcus Vinícius é hoje nosso jovem José Luiz, em estado de coma.

    Enquanto o instrutor me esclarecia a respeito das personalidades, eu particularmente montava o quebra-cabeça, entendendo de maneira clara como tudo se encaixava nos devidos lugares.

— Assim – prosseguiu Pétrus –, Vitória Alba, na figura de das Dores nas lutas amargas de sua existência, conquistou importantes credenciais no sentimento da humildade e solidariedade. Otávia, como Irmã Marcelina, é a criatura abnegada, cujo sentimento de bondade, desprendimento, coragem, fé inabalável em Jesus e acompanhamos em sua luta em favor dos necessitados. Cristina, por sentimento e conhecimento da injustiça que sofreu na própria pele, veio como a defensora dos humildes e desfavorecidos. Por vontade própria, no planejamento reencarnacionista, Tamires, na figura de Clarinda, recebeu como filhos aqueles que ela havia destruído em sua sede de poder e riqueza, sofrendo os rigores da prisão como resgate doloroso pelo mal praticado no passado.

Continuou o instrutor:

— Como Cornélius e Caio permaneceram no plano espiritual com missão definida pela espiritualidade maior, por desejo e vontade manifesta de todos, foram contemplados por afinidades e sentimento de amizade, amigos do período romano, que reencarnaram na condição de esposo de Irmã Marcelina e os pais de José Luiz. Doutor Figueira é a reencarnação do amigo Júlio Gálio;

dona Celeste, de Licínia, mãe de Tamires, e Quinto Plautius, doutor Galvão.

Todos os personagens estavam devidamente identificados, mas uma pergunta ainda ficara sem esclarecimento: a personalidade de Cornélius Paulus e Caio Fabrícius. Quem seriam eles no momento atual? Como o instrutor não se manifestou, fiquei em silêncio no aguardo de que no momento oportuno ele trouxesse a informação a respeito da personalidade daqueles amigos tão queridos, que eu aprendera a amar e respeitar.

Capítulo 11

Uma nova esperança

Depois dos esclarecimentos do Instrutor Pétrus, resolvi fazer uma nova visita à minha querida das Dores. Quando manifestei minha intenção, o instrutor concordou e sorriu com satisfação.

– É uma feliz lembrança, Virgílio. Vá sim – incentivou-me –, pois vai se surpreender com a evolução dela!

Quando aportei no Retiro da Luz Divina, Blandina já me aguardava com um largo sorriso:

– Seja bem-vindo mais uma vez, Virgílio. Pétrus já havia me falado sobre sua visita e eu tomei a liberdade de informar das Dores. Espero que não se incomode.

A bondade e a simpatia de Blandina eram contagiantes. Seu sorriso era meigo e sua manifestação de carinho, sincera.

– Imagine que me incomodo – respondi prontamente –, de jeito nenhum. Diga-me, como está das Dores?

— Você vai se surpreender! Ela está praticamente restabelecida e o que é mais importante: sua memória está ótima. Nossa querida irmã apresenta-se completamente lúcida, recordando existências passadas, particularmente as que lhe foram mais caras, que marcaram sua evolução. Quando eu disse que você viria, ela se emocionou, pois se lembrava de quem era você. Venha – convidou-me Blandina –, das Dores, neste momento, está no jardim do Luz Divina, vamos!

Eu também recordava de das Dores nas experiências inesquecíveis que também haviam tocado a sensibilidade de minha alma, naquelas eras de turbulência, mas, embora tudo tivesse me impressionado, não soubera compreender a profundidade dos ensinamentos do Cristo. Foi necessário que o tempo passasse e viessem as experiências redentoras na carne para compreender o valor daquela luz que brilhara na escuridão tormentosa da humanidade daqueles tempos. Infelizmente, poucos haviam realmente compreendido e seguido aquele farol luminoso.

Quando chegamos ao jardim, mais uma vez fiquei encantado diante da beleza que descortinava aos meus olhos, pensando comigo mesmo que estagiar naquele hospital exigia elevadas credenciais espirituais, de aquisição e mérito que poucos o tinham.

Quando avistei das Dores, nossa irmã estava ajoelhada às margens de um lago, acariciando os cisnes que nadavam graciosamente. Fiquei simplesmente admirado com a transformação daquela querida irmã: apresentava-se radiante, envolta em uma aura luminosa de tonalidade azulada, que se destacava apesar da claridade do dia. Eu que a conhecera na matéria com um corpo maltratado e alquebrado, trazia agora em seu corpo etéreo a beleza de uma mulher na casa dos seus quarenta e poucos anos e sua fisionomia refletia jovialidade, embora fosse a mesma das Dores que eu havia conhecido em sua simplicidade e humildade.

Quando das Dores nos viu, levantou-se e, sorriso franco e aberto, estendeu os braços em nossa direção:

– Irmã Blandina, Irmão Virgílio! Que alegria revê-los!

Abracei das Dores com carinho e emoção enquanto ela me dizia:

– Irmão Virgílio, como me sinto feliz de reencontrá-lo! Confesso que tenho me lembrado de algumas existências, e uma delas particularmente me vem à memória: aqueles dias tristes, mas gloriosos, em que conhecemos a Doutrina do Cristo Jesus! Você estava lá conosco. O carinho que sentia por você era o mesmo que tinha pela minha filha. Você foi o filho que eu não tive! Porque não seguiu as pegadas do Mestre? Você também estava lá!

Abraçado a das Dores, chorei emocionado. Era verdade! Eu também estivera lá, e a luz que brilhara para o mundo, também havia me iluminado, mas não soubera renunciar os enganos do poder transitório e me distanciei daquela luz renovadora que libertava as mentes dos equívocos terrenos. Apenas o tempo e as experiências dolorosas me reconduziram à suave morada do Divino Pastor!

Blandina abraçou-me carinhosamente, enquanto se despedia.

– Vou deixá-los porque vocês têm muito o que conversar. Até breve, Irmão Virgílio.

Das Dores e eu sentamos em um banco à beira do lago. Enquanto a beleza da natureza espiritual nos envolvia, conversamos longamente, recordando passagens inesquecíveis da velha Roma, de tantos enganos e equívocos.

No final da tarde, despedi-me de das Dores, enquanto ela entusiasmada me dizia:

— Sabe Virgílio, desculpe-me se o trato assim com tanta intimidade — justificou-se —, mas você é para mim como se fosse um filho. O tempo passou e cheguei à seguinte conclusão: Deus é sábio e bondoso, porque nos dá oportunidades renovadoras, nos dá o tempo para aprendermos e nos dá a alegria dos amigos que nos sustentam nas duras lutas que travamos contra nós mesmos, contra nossas mazelas íntimas. Confesso que hoje me sinto feliz e fortalecida com o carinho de tantos amigos que me auxiliaram. Meu desejo é de também ajudar e amparar em nome de Jesus, para assim me sentir mais digna do amor do Mestre, uma vez que não tive o privilégio de, em Roma, dar o testemunho supremo como desejaria. Blandina me confidenciou que em breve terei alta e que tem trabalho me aguardando. Aguardo ansiosa a hora que isso aconteça!

Sorri diante do profundo conhecimento daquela irmã tão querida, que um dia a conhecera tão humilde, puxando uma carroça pelas ruas de São Paulo para ganhar sua vida com dignidade de um espírito de elevadas aquisições morais.

Beijei sua fronte com respeitoso carinho e me despedi:

— Que Jesus, o Divino Amigo, a abençoe e ilumine cada vez mais, irmã das Dores! Blandina vai me manter informado de tudo.

Quero ter o privilégio de estagiar ao seu lado e aprender consigo preciosas lições de amor e humildade!

O Sol já declinava no horizonte visível e as primeiras constelações brilhavam no céu de nossa Colônia quando retornei ao meu domicílio. Havia uma mensagem de Pétrus para que o procurasse no edifício do Ensinamento para Todos os Planos.

Parti imediatamente na direção do imponente edifício que ocupava a região central do "Irmão Nóbrega". Lá, Pétrus me aguardava.

– Esta noite iremos até o Centro Espírita de Irmã Marcelina – esclareceu-me. – Glaucus solicitou nossa presença para acompanharmos a evolução da situação de José Luiz.

Concordei satisfeito. Na verdade, já havia transcorrido quase 30 dias da última visita ao paciente. Sinceramente, agora que conhecia os lances daquela história tão comovente, os elos que uniam aqueles personagens uns aos outros e os remetiam a um passado distante, desejava saber como estava evoluindo aquele caso tão complicado e doloroso.

Quando aportamos às dependências do centro dirigido por Irmã Marcelina, o relógio colocado estrategicamente na parede do salão marcava exatamente 20 horas. A reunião estava no início. Naquele momento, acontecia a prece de abertura proferida por um dos dirigentes dos trabalhos da noite.

Observei que entre os presentes estavam o doutor Galvão e dona Celeste, pais de José Luiz. Notei que os semblantes dos genitores do jovem refletiam paz e suas auras apresentavam leve e equilibrada radiação luminosa.

Era uma noite de estudos de *O Evangelho Segundo o Espiritismo*. Terminada a prece de abertura, Irmã Marcelina abriu o *Evangelho* e apresentou a lição: Capítulo 11 – *Amar ao próximo como a si mesmo*, na página da instrução dos espíritos: *A Lei do Amor*. A valorosa trabalhadora do Cristo leu o seguinte trecho: "Feliz aquele que ama, porque não conhece nem a angústia da alma, nem a miséria do corpo; seus pés são leves e vive como transportado para fora de si mesmo. Quando Jesus pronunciou essa palavra divina – Amor – ele fez estremecer os povos e os mártires, ébrios de esperança, desceram ao circo".

Envolvida amorosamente por Glaucus, Irmã Marcelina fechou os olhos, talvez num íntimo lampejo de consciência, buscando, nos compartimentos de sua memória etérea, lembranças de um passado distante, para, em seguida, os olhos marejados de lágrimas, falar com emoção:

– Irmãos queridos, o ensinamento do Divino Mestre não nos deixa dúvidas. O amor é o maior mandamento da Lei de Deus e o *Evangelho* nos esclarece que aquele que ama de verdade não teme as agruras do mundo, nem as tribulações. Não se desespera diante das duras provações, desconhece a angústia da alma e a miséria do corpo, porque está em sintonia com a lei do amor que vibra em todo universo na energia do Criador. Por essa razão, sente-se transportado para as esferas da paz e da harmonia! Quando amamos de verdade, como Jesus nos ensinou, jamais haveremos de temer as sombras do mal e os assaltos das trevas, porque o amor é nossa fortaleza no escudo do Cristo Jesus!

Continuou ela:

— O Divino Mestre deixou claro em seus ensinamentos que deveríamos amar sempre, porque o amor nos fortalece para enfrentar os sofrimentos e a dor. Como a evolução é uma necessidade para o espírito imortal, se não buscarmos a compreensão do amor, certamente acabaremos recebendo a visita da dor e das tribulações para despertarmos para a realidade da vida eterna. Dessa forma, despertando também para o amor, estaremos poupando para nós mesmos sofrimentos e angústias inimagináveis. Só o amor eleva, só o amor edifica, só o amor é eterno! Amar com desapego, amar com alegria, amar nossos entes queridos, amar ao próximo, amar os inimigos! Dessa forma, estaremos cumprindo o ensinamento de Jesus, pois estaremos amando a Deus, nosso Pai Eterno!

A palavra inspirada de Irmã Marcelina tinha destino certo. Cabisbaixos, os genitores de José Luiz choravam emocionados, parecendo compreender finalmente que a dor que ora visitava aquela família tinha uma razão lógica: era um chamamento para o amor do Cristo, uma necessidade para despertar para a realidade da vida, vencendo o orgulho, a vaidade e o egoísmo. Acompanhando meu raciocínio e minhas observações, o Instrutor Pétrus orientou-me para que sondasse a mente dos pais de José Luiz para acompanhar o teor de seus pensamentos. Quando adentrei as ondas mentais do doutor Galvão, senti-me sensibilizado diante de seus pensamentos. O pesaroso pai implorava em prece silenciosa pela vida do filho:

"Ah! Mestre Jesus!", implorava em seu pensamento. "Por misericórdia, permita que meu filho continue entre nós! Por que será que fui tão cego? Por que levei toda minha vida apenas preocupado com dinheiro, poder e fama? O que vale tudo isso agora se meu filho pode morrer? Ah! Jesus, confesso em minha ignorância e estupidez que jamais imaginei que um dia estaria de joelhos pedindo-Lhe por algo. Agora percebo que nada sou! Que nada que conquistei em termos materiais vale diante do Senhor. Meu filho pode morrer! Se pudesse, daria minha vida em troca, mas nem isso consigo, porque apenas o Senhor é onipotente que tem poder e que viu ao longo dos séculos os grandes do mundo voltarem ao pó. O Senhor está no alto da glória de Deus observando com tristeza a mesquinharia do ser humano ingrato! Piedade, Senhor, peço-Lhe, se permitido for, que, doravante, procurarei compreender e seguir os ensinamentos do seu *Evangelho* de amor, como aprendemos esta noite! Piedade, Senhor, deste homem que hoje tem consciência de que nada tem de verdade, pois o bem mais precioso jaz em um leito de dor de um hospital, no limiar da morte!"

A prece do doutor Galvão era sincera e comovente. Em seguida, voltei-me para dona Celeste, procurando a sintonia de suas ondas mentais, o que não foi difícil, considerando que orava, elevada espiritualmente.

"Jesus, Mestre querido", pensava a genitora de José Luiz, "por que não percebi antes? Por que permiti que meu querido filho tivesse que passar por tamanha dor para compreender a verdade? Por que fui tão egoísta em meus sentimentos quando meu querido filho desejava fazer o bem a outras pessoas? Perdoe-me, Senhor, por minha ignorância e teimosia quando não dei ouvidos à Irmã Marcelina que nos convidou ao trabalho em favor dos necessitados. Por que permiti que tudo isto acontecesse? E se meu filho morrer, o que será de mim? Ah! Senhor, por misericórdia, não permita que isso aconteça, porque não sei se vou suportar tamanha dor! Agora que tenho conhecimento da verdade, poupe a vida de meu filho querido! Agora compreendo finalmente que apenas o amor salva a criatura humana e, conforme ouvimos no *Evangelho* desta noite, haverei de procurar o caminho do amor, amar verdadeiramente meus semelhantes, amparar os necessitados, os aflitos, perdoar meus desafetos e esquecer as mágoas do passado! Auxilie-me, Jesus querido, e ampare meu José Luiz para que ele ainda viva muito entre nós e nos ensine preciosas lições de amor!"

A prece silenciosa de dona Celeste era revestida de sinceridade. Por essa razão, sua mente emitia suave vibração em demanda ao filho hospitalizado. Naquele momento, Glaucus se aproximou cumprimentando-nos carinhosamente como de costume:

— Irmão Virgílio, Pétrus, sejam bem-vindos à nossa casa mais uma vez!

— Obrigado, irmão Glaucus — respondi agradecido. — Notei que tanto o pai quanto a mãe de José Luiz aparentavam significativa transformação, em comparação à última vez que os vi.

Glaucus sorriu diante de minha observação e me esclareceu quanto a evolução do caso José Luiz.

— A verdade, irmão Virgílio, é que José Luiz veio para esta existência com uma tarefa definida: conduzir à luz do *Evangelho* do Cristo irmãos queridos de outras eras que, por várias existências, ainda resistiam aos chamamentos da lei do amor. É uma missão sacrificial de nosso querido irmão e, para tanto, se necessário for, demandaria o próprio desencarne para despertar nessas criaturas, pela dor, o sentimento do amor. Já vimos que os genitores de José

Luiz tiveram oportunidades e chamamentos, mas permaneceram impermeáveis aos apelos da espiritualidade. Dessa forma, como recurso extremo, restou o caminho da dor e, nessas condições, o tratamento de choque.

Enquanto Glaucus esclarecia aquele episódio doloroso, fiquei pensando que casos assim são mais comuns do que possamos imaginar. De um modo geral, reencarnamos com responsabilidades assumidas no plano espiritual no momento de nosso planejamento reencarnatório, mas, quando estamos na matéria, ainda resistimos aos chamamentos e apelos da espiritualidade e nos entregamos ao ócio e comodismo, distanciando-nos de nossas responsabilidades. Assim sendo, infelizmente, ao ser humano, só resta a espiritualidade, o recurso da dor que faz com que, pelo sofrimento, a criatura desperte para a realidade da vida. Quantas pessoas levam a vida distanciadas das coisas espirituais, vivendo no comodismo doentio, no deleite desmedido, no gozo da matéria de forma inconseqüente, na opulência, no egoísmo exacerbado e no individualismo pernicioso. Quando recebem a visita da dor, por meio da perda prematura de um ente querido, no acontecimento trágico que ceifa a vida de alguém próximo, na fatalidade que nos fere naquilo que é mais sagrado, finalmente recordamos velhas lições do abecedário de amor do Cristo!

Glaucus complementou meus pensamentos com preciosos ensinamentos.

— Tem toda razão, Virgílio, pois toda reencarnação precede de amplo estudo e cuidadoso planejamento das possibilidades e oportunidades que o espírito solicita para si mesmo, diante de sua própria consciência. Dessa forma, o espírito se prepara confiante, pois terá ao seu lado o amigo espiritual que o acompanhará em sua romagem terrena, amparando-o, inspirando-o e orientando-o nos lances mais difíceis de sua existência. O abnegado protetor estará ao seu lado e, quando chega o momento aprazado, pela inspiração, recorda-o dos compromissos assumidos e, via de regra, esse chamamento se repete muitas vezes. Na maioria das vezes, o protetor amigo nada pode fazer, pois o protegido, de forma voluntária por fazer uso de seu livre-arbítrio, que, aliás, é sempre respeitado, entrega-se aos caminhos tortuosos, distanciando-se dos propósitos abraçados. Nessas condições, sobrevêm as perturbações incômodas, as obsessões tormentosas, a moléstia que castiga e por último muitas vezes o recurso extremo da dor inconsolável diante de uma grande desilusão, uma tragédia irremediável em que se perde um ente querido.

Prosseguiu ele:

– Só então, diante da dor, é que muitas vezes a criatura acorda e percebe como a vida é de uma fragilidade absoluta e que, diante da morte, somos totalmente impotentes. A vida foi um presente de valor inestimável que o Criador nos concedeu e que deveríamos viver com alegria e sabedoria, valorizando esse presente, mas infelizmente o ser humano ainda necessita sofrer a dor impiedosa para constatar e aprender que, na vida, é necessário acima de tudo amar, como Cristo nos ensinou, para poupar dor e sofrimento para nós mesmos em nossa escalada evolutiva. No presente caso, na iminência da perda do filho amado, os genitores de José Luiz dobraram seu orgulho e, diante da dor irremediável, encontraram finalmente o caminho do amor e da caridade. A tragédia que se abateu diante deles os levou a reconsiderar, com sinceridade, suas próprias atitudes diante da vida.

No lado material, a reunião prosseguia animada entre os participantes, que discutiam proficuamente o texto do *Evangelho*, enquanto dona Celeste fazia seu comentário:

— Gostaria, antes de mais nada, de agradecer a todos desta casa, particularmente à Irmã Marcelina, que tem sido extremamente caridosa para conosco nestes momentos de dor e incerteza! Obrigado, irmãos, pois assim me considero diante de Deus que é nosso Pai amoroso, então somos todos irmãos. Nestes últimos dias, tanto eu quanto meu esposo, que não tínhamos o hábito de orar, não temos feito outra coisa. Nós que havíamos até esquecido que Deus existe, hoje dia e noite imploramos sua misericórdia, nós que já nem mais recordávamos da figura de Jesus Cristo, hoje apelamos ao seu amor infinito.

Prosseguiu ela:

— Enfim, nós que não olhávamos para nossos irmãos menos afortunados, hoje compreendemos que, diante de Deus, não podemos nos omitir, pois enquanto nosso filho agoniza em um leito de hospital, atendido pelos melhores médicos que o dinheiro pode pagar, muitas crianças morrem diariamente à míngua por falta de alimentos e remédios. Se Deus em sua infinita misericórdia poupar a vida de nosso filho, haverei de dedicar o restante de meus dias no labor cristão juntamente com Irmã Marcelina, enxugando lágrimas, vestindo crianças desnudas, alimentando necessitados e visitando leitos de dor. Mas se os desígnios de Deus forem diferentes e ficarmos sem nosso José Luiz, ainda assim, renovo meus propósitos. Apenas peço a Cristo que me dê forças para suportar tamanha dor, pois confesso que, apesar de tudo, não estou preparada para esse triste acontecimento.

A emoção tomou conta de todos, pois o depoimento de dona Celeste era de uma sinceridade comovente. A mãe de José Luiz concluiu as últimas palavras em pranto, enquanto o esposo a abraçava enxugando suas lágrimas.

A atmosfera espiritual da casa era favorável. Os espíritos amigos de nosso plano envolviam particularmente o casal em radiações de luz e energia, de forma que a sensibilidade dos pais do jovem fossem preservadas em seu equilíbrio. Quando alguém vive um momento de excitação descontrolada e dor extrema, a aceitação equilibrada é muito positiva quando revestida de fé, oração e confiança em Deus. Caso contrário, resvala para estados depressivos extremamente perigosos.

Marcelina aproveitou o momento e convocou todos os presentes para a vibração amorosa em favor do paciente. Como da vez anterior, observamos o mesmo fenômeno que se repetia em forma de radiação luminosa da energia que era direcionada a José Luiz. Após as vibrações da noite, a reunião foi encerrada.

Em meus pensamentos, refletia sobre a situação do paciente. Como estaria depois de 30 dias de vibrações ininterruptas? Teria havido alguma evolução do caso? Como se encontrava José Luiz em espírito?

Diante da torrente de indagações, Glaucus abraçou-me afetuosamente com um sorriso bondoso nos lábios.

– Você pode conferir com seus próprios olhos, Virgílio. Partiremos agora em direção ao hospital. Vamos então? – convidou-nos.

Partimos imediatamente. Tão logo chegamos lá, fomos recebidos pelos médicos de nossa esfera que já conhecíamos. Doutor Plácido, sempre prestimoso em suas atribuições, aproximou-se para nos adiantar a evolução daquele difícil caso.

– A evolução deste caso tem sido a melhor possível – iniciou doutor Plácido. – O paciente tem sido alvo de vibrações amorosas que canalizam energias benéficas para a manutenção de suas funções vitais. Fisicamente, José Luiz está bem, inclusive houve pequena lesão na região do occipital que apresenta significativa recuperação dos tecidos resultante das energias vibratórias recebidas e manipuladas pela equipe médica espiritual. No campo do corpo perispiritual, entretanto, temos alguns problemas. José Luiz apresenta uma perturbação compreensível diante do prolongado período que passou em estado de coma.

Continuou ele:

– Como dissemos, nessa condição, seu desencarne seria apenas em função da real necessidade diante dos compromissos assumidos para a atual existência. Considerando que um dos principais objetivos já foram atingidos com a transformação moral de seus genitores, seu desencarne seria, neste momento, sem razão em virtude de constar ainda em seu planejamento reencarnatório outros compromissos de igual importância. Dessa forma, estamos envidando todos os esforços no sentido de reanimar José Luiz em espírito para que assuma novamente o comando de seu corpo físico. Mentalmente, José Luiz busca, inconsciente, a libertação da prisão de carne na qual se encontra. Se não ocorrer algum fato que desperte seu interesse em recuperar a consciência e a existência no corpo físico, infelizmente ocorrerá o seu óbito.

O caso me parecia extremamente complicado. Notei que o Instrutor Pétrus também apresentava o semblante preocupado.

– Como tem sido o dia-a-dia de visitação ao paciente? – questionou Pétrus.

– Regularmente, dona Celeste o visita diariamente e doutor Galvão aparece mais ao final do dia. Irmã Marcelina vem em dias alternados, ocasião em que faz o *Evangelho* e ora ao lado do leito. Nessas ocasiões, José Luiz apresenta condições favoráveis, mas ainda insuficientes, para determinarem a vontade absoluta do espírito em termos de consciência para retomar o vaso físico. Ainda falta algo que o motive verdadeiramente – concluiu doutor Plácido.

Pétrus ficou em silêncio por alguns segundos meditando. Por fim, percebi um sorriso em seu semblante:

– Glaucus, já temos a solução adequada. Amanhã mesmo, inspire Irmã Marcelina para que venha visitar o paciente e traga sua sobrinha Cristina.

A fisionomia de Irmão Glaucus iluminou-se com um sorriso de satisfação.

– Sem dúvida – respondeu – essa é a solução definitiva para o problema. Se José Luiz necessita espiritualmente de um fato novo que desperte as forças desconhecidas da alma, a sublime energia do amor, solução para todas as necessidades do espírito imortal.

Enquanto Pétrus e Glaucus confabulavam para as providências do dia imediato, aproximei-me do paciente. Sob a orientação do doutor Plácido, examinei atentamente e notei que, apesar de o corpo perispiritual irradiar energias positivas e espiritualmente estivesse em estado de serenidade, José Luiz apresentava-se intimamente angustiado. Ao penetrar suas ondas mentais, percebi que, em espírito, ansiava voar para a libertação espiritual. Ao notar minha estranheza, o bondoso médico me esclareceu:

— Esse é o problema com o qual nos defrontamos. José Luiz é um espírito com conquistas espirituais elevadas e intimamente recorda o estado de liberdade espiritual entrando em conflito com o estado de desconforto. Dessa forma, deseja inconscientemente a própria libertação. Esperamos que amanhã realmente possa ele reavivar seu desejo de retorno à vida material. Quem sabe? Tudo é possível diante do verdadeiro amor, pois esse sentimento é sempre uma nova esperança — concluiu com um sorriso nos lábios.

Capítulo 12

Um novo dia

O relógio da ante-sala do hospital marcava exatamente 15 horas quando adentramos o quarto de José Luiz. Já estavam a postos doutor Plácido e sua equipe, bem como Irmão Glaucus, que nos relatou que Irmã Marcelina e Cristina já estavam a caminho, devendo chegar em poucos minutos.

Notei que, sob a orientação do doutor Plácido, a equipe de médicos de nossa esfera trabalhava atentamente no processo de religação do corpo perispiritual de José Luiz, semelhante a uma cirurgia física. Era mais ou menos o mesmo procedimento apenas com fluidos muito sutis, semimateriais. Notando meu interesse, novamente doutor Plácido me esclareceu:

— Esse processo é muito delicado, pois, não depende apenas do procedimento médico espiritual, mas também da vontade do paciente, que é fator determinante. Esse mesmo processo já foi efetuado duas vezes, mas se desfez por absoluto desinteresse do próprio paciente. Como comentamos ontem, esperamos que hoje tenhamos a motivação adequada para fazer com que José Luiz desperte energias e interesse para continuar na matéria.

O processo estava quase concluído, faltando pequenos mas importantes detalhes quando dona Celeste, Marcelina e Cristina adentraram a sala. Pétrus orientou-me que ficasse atento à reação da sobrinha de Marcelina.

A mãe de José Luiz se aproximou do lado direito do leito e segurou a mão do filho em estado de coma. Marcelina postou-se à cabeceira em estado de oração e Cristina deu a volta ao leito, aproximando-se do lado esquerdo do paciente.

Fisicamente José Luiz aparentava ótimo estado, parecendo apenas estar em sono profundo. Sua fisionomia estava levemente rosada e sua respiração apresentava-se compassada, apesar dos aparelhos de suporte.

Conforme orientação do Instrutor Pétrus, fiquei atento às reações de Cristina. Ao se aproximar do paciente, a jovem, envolvida por Glaucus, experimentou um estremecimento que sacudiu seu corpo e seus olhos se fixaram naquele rosto à sua frente. Teve a sensação de que aquela fisionomia lhe era familiar. Sentia-se envolvida por um sentimento profundo, sacudida por lembranças inexplicáveis, e instintivamente puxou uma cadeira, sentando-se ao lado esquerdo, enquanto suas mãos seguraram a mão esquerda do paciente.

De repente, a fisionomia de Cristina alterou-se e, de seus olhos, lágrimas começaram a descer, como que buscando nas profundezas da memória, lembranças de algo maravilhoso e inesquecível, cujas raízes se perdiam nos séculos sem fim de um passado remoto.

O amor é um sentimento sublime que une espíritos afins, transcende o tempo e o espaço e vence as barreiras do esquecimento temporário das existências, porque toca nas fibras mais sensíveis da alma, fazendo com que mesmo não se lembrando do passado, os espíritos se reconhecem diante do sentimento eterno do amor!

Naquele momento, Cristina tinha plena convicção de que estava diante do amor de sua vida, e os sentimentos que afloravam, vindos da alma, era algo inexplicável e emocionante. Segurando as mãos do jovem enfermo, observei que, de suas mãos, irradiavam energias sublimadas que atingiam diretamente seu alvo: José Luiz em espírito. Naquele momento, ele registrava suave fluxo de energias imponderáveis, fazendo que, de súbito, experimentasse algo novo, que mexia com seus sentimentos e alterava sua aparente passividade.

Tomada por forte comoção, em lágrimas, a jovem comentou com Marcelina o que estava sentindo naquele momento:

– Titia, não sei explicar o que está acontecendo comigo. Ao adentrar este quarto e olhar para a fisionomia deste rapaz, senti algo estranho e inexplicável. Parece-me que estou reencontrando alguém que me é muito caro de existências passadas e minha vontade é abraçá-lo e apertá-lo com amor e carinho e não me afastar mais deste leito.

Envolvida e inspirada por Glaucus, Marcelina respondeu:

– Sim, minha querida sobrinha, você não veio hoje aqui por acaso. Fui inspirada para trazê-la porque certamente uma razão muito forte existe, que ainda desconhecemos, mas posso afiançar-lhe que José Luiz é alguém que nos é muito caro e que o amamos em outras existências. Sua sensação é exatamente igual à que senti quando o conheci nesta existência.

Emocionada, Celeste se manifestou:

– Tem toda razão, Marcelina, porque José Luiz também tinha por você um sentimento de amor profundo e de muito respeito, motivo pelo qual me senti enciumada de forma tão estúpida. Perdoe-me por todas tolices que cometi, porque meu filho a amava como se fosse sua própria mãe.

Naquele instante, a equipe espiritual concluiu suas providências em favor do paciente.

Orientada por Glaucus, Marcelina sugeriu:

– Vamos aproveitar este momento tão sublime para uma oração. Vamos pedir a Deus que auxilie nosso querido José Luiz.

Irmã Marcelina fez uma prece pedindo amparo à espiritualidade. Cristina segurava a mão do jovem e acariciava seus cabelos.

Naquele momento, observei que, em espírito, finalmente José Luiz reagia favoravelmente. Como que despertando de uma longa letargia, ao ouvir a voz de Cristina e sentir as energias que o tocavam, pareceu buscar nos profundos meandros da memória etérea lembranças caras de um passado feliz, marcado para sempre nas fibras mais sensíveis do seu coração.

Uma energia em forma de luz advinda na região do hipocampo começou a se manifestar, inicialmente de forma débil, para, em seguida, adquirir brilho mais intenso com tonalidades que variavam entre a cor prateada e o azul- claro, tendendo para amarelo esmaecido em intrigante espetáculo multicor, semelhante a um minúsculo astro brilhante no firmamento das noites escuras.

Diante de meu questionamento, o Instrutor Pétrus pediu-me que acompanhasse de perto aquele processo tão sublime de energias imponderáveis que o próprio espírito mobiliza quando impressionado em seus sentidos e sentimentos mais elevados.

Aproximei-me aguçando e ampliando meu campo de visão para observar mais adequadamente aquele que seria o início do processo de retomada do corpo físico por José Luiz em espírito, na condição do retorno de um coma profundo, que havia resultado em uma experiência de quase-morte.

Ao observar a origem daquele pequeno foco de luz resplandecente, surpreendi-me ao verificar uma pequena glândula localizada atrás do hipotálamo: era a epífise, irradiando luz, que fluía do centro de força coronário até o cérebro do paciente, reanimando a glândula pineal do corpo de José Luiz. O corpo físico do paciente, naquele momento, experimentou um estremecimento. Comovida, Cristina deu um grito:

– Titia do céu, senti que ele apertou minha mão!

Era verdade. Naquele momento, movido por sublimes vibrações de energia em forma de luz que convergia do ambiente e despertava no próprio paciente, a sintonia entre o corpo perispiritual e o físico se completavam. O corpo físico funcionou semelhante a um imã que atrai o corpo que se imanta atraído pelo magnetismo natural, fazendo com que corpos físicos e espirituais novamente ficassem justapostos um ao outro. José Luiz retomava novamente o domínio do corpo físico para continuidade de sua missão terrena.

Enquanto a melodia inundava o ambiente e as últimas palavras da oração de Irmã Marcelina ainda ecoavam no ambiente, José Luiz suspirou fundo, abrindo os olhos como quem desperta depois de longo período de hibernação.

Dona Celeste gritava de alegria, e os médicos correram para averiguar o que se passava. Surpreenderam-se ao verificar que o paciente estava com os olhos abertos, respirando normalmente.

Depois de alguns minutos, livre dos equipamentos que monitoravam seu estado comatoso, José Luiz parecia nada recordar, mas, ao contemplar os olhos de Cristina, sua reação foi espontânea, como se recordasse lembranças ainda vivas em sua memória.

– Selene, minha querida, como você está linda...

A moça sentiu um tremor sacudir sua alma, ficando arrepiada quando o rapaz pronunciou aquele nome.

– Meu nome é Cristina, apenas Cristina.

– Sim, meu filho – acudiu dona Celeste radiante de alegria –, Cristina é sobrinha de Irmã Marcelina.

Naquele momento, a equipe médica, comandada por doutor Plácido se retirava do ambiente, pois aquela missão estava encerrada. Naquele mesmo instante, a equipe de médicos encarnados iniciava o seu trabalho em benefício do paciente.

– Por favor, deixem o paciente em repouso por algum tempo. Realizaremos uma bateria de exames para avaliar o estado dele. Todo paciente que permanece longo tempo em estado de coma necessita de avaliação e cuidados.

Antes que se retirassem do ambiente, embora ainda se apresentasse em estado de sonolência, o paciente reagiu:

— Por favor, senhores doutores, queiram me dar um pouco mais de tempo com minha mãe, Marcelina e esta doce criatura que vejo em meus olhos... Eu não morri, estou vivo, graças a Deus!

Com sorriso e carinho no rosto, Marcelina disse-lhe:

— Serene seu coração, meu filho, porque graças a Deus você não morreu. O importante agora é que se restabeleça por completo para retomar a vida que você quase perdeu.

Com brilho nos olhos, o rapaz dirigiu um sorriso à Cristina.

— Tem razão, Marcelina. Quero retornar à vida com alegria, com amor no coração, amar e ter direito de sonhar!

Nossas observações naquele momento estavam concluídas. Retornamos então à nossa Colônia em rápido deslocamento volitivo. Notei o astro rei que já se declinava em direção ao horizonte, inundando o espaço com sua luz e seu calor. Senti o peito vibrar na energia do Criador. Fechei os olhos e senti com intensidade que a luz do Senhor é que ilumina e fortalece a cada dia da existência do espírito imortal em sua trajetória ao encontro da própria fonte de luz, e outros ainda se retardam na longa caminhada, nos meandros da escuridão, para um dia também despertarem para a luz que ilumina e aquece cada um indistintamente.

Quando aportamos o edifício do Ensinamento para Todos os Planos, Pétrus concluiu:

— É uma realidade, Virgílio. A vida é uma bênção, um presente magnífico que Deus nos concedeu: o dom de existir. O que observamos hoje demonstra a grandeza do Senhor e do amor pelas

241

criaturas. Ele nos concedeu a vida e a Centelha Divina que vibra em nossa essência, fazendo que o espírito imortal em sua ascensão desperte todas as potencialidades do espírito, que em sua essência reúne energias que desconhecemos. O ser humano é um ser surpreendente em sua capacidade de realização e criatividade, basta ter a motivação adequada para despertar suas próprias energias. O caso de José Luiz que você teve oportunidade de acompanhar é um exemplo de que existem situações que o próprio interessado é quem oferece o fator determinante para seu sucesso ou fracasso, apesar dos esforços de toda equipe espiritual.

Um ano transcorreu desde aquele episódio. Quando desenvolvia um trabalho de acompanhamento a uma caravana socorrista às regiões de sofrimento próximo à crosta terrestre, recebi uma mensagem de Pétrus, convidando-me para encontrá-lo no dia seguinte na Biblioteca Eurípedes Barsanulfo.

Senti-me feliz com o convite, porque guardava enorme carinho pelo instrutor. Possivelmente teria novidades a respeito de José Luiz e Cristina, além do que, era a oportunidade para ter notícias de das Dores.

No dia seguinte, pontualmente às 14 horas, encontrava-me na ante-sala da grande biblioteca, quando assomou à soleira da porta a figura amiga do querido instrutor, que com um sorriso paterno me abraçou:

— Seja bem-vindo, Virgílio! Sei que você está em tarefa de estudos em nova missão e que o tempo é escasso, mas jamais poderia deixar de pedir sua presença para tão feliz acontecimento, além do que, estava saudoso do querido irmão.

Agradeci comovido a generosidade e o carinho de Pétrus. Ele sabia da gratidão e o sentimento de amizade que sentia por ele. Pétrus era para mim mais que um amigo ou um pai: um benfeitor, cujo sentimento de gratidão estaria para sempre guardado na minha alma. Com os olhos marejados de lágrimas, não respondi nada, nem havia necessidade. O instrutor sabia do sentimento que guardava em meu coração.

— As novidades são muitas, Virgílio. Das Dores já está integrada no trabalho do Luz Divina, sob orientação de Blandina. Ela sempre fala de você; e sei que também ficará muito feliz ao reencontrá-la em breve.

Aquela era uma notícia que realmente me trazia muita alegria e satisfação. Saber que das Dores estava em plena atividade de auxílio era extremamente gratificante por tudo o que ela significava em meu aprendizado no campo da humildade.

— Sim, instrutor — sorri agradecido —, realmente, sinto-me muito satisfeito com essa notícia. Ficarei muito feliz pela oportunidade de reencontrar das Dores e abraçá-la com o carinho que devoto àquela criatura que, para mim, é inesquecível.

— Será no próximo sábado, Virgílio. Você é convidado de honra! Não falte ao casamento de Cristina e José Luiz, ocasião em que estaremos presentes com nossa querida das Dores.

Realmente, as notícias eram extremamente felizes ao mesmo tempo em que o convite de Pétrus me alegrava por seu carinho e respeito que sentia, era sincero. Agradeci comovido:

— Obrigado, instrutor, sinto-me honrado por estar junto com amigos tão queridos de eras tão distantes!

O instrutor abraçou-me em despedida, concluindo:

– Sim, Virgílio, eras tão distantes, é verdade! O tempo passa e tudo se transforma na vida, na alegria do Criador, mas o amor é eterno!

Sorriu mais uma vez e deu ênfase ao final da frase:

– Só o amor é eterno, porque Deus é amor!

Aquele sábado era um dia abençoado pelo Criador. O céu apresentava-se azulado, e o sol espargia por todos os cantos sua luz e calor. No alto do infinito, nuvens esparsas passavam preguiçosas, e os pássaros enfeitavam com seus trinados a alegria da natureza.

A festa de casamento estava sendo realizada em uma chácara não muito distante da capital paulistana, em região montanhosa de muita beleza.

Quando cheguei lá, eram exatamente 16 horas. Encontrei o ambiente vibrante de alegria e música no ar. Imediatamente Glaucus, Pétrus e das Dores se aproximaram e deram-me boas vindas.

Abracei feliz os amigos queridos, demorando-me com das Dores que, à minha vista, parecia ainda mais remoçada e bela. Sua fisionomia guardava traços que lembrava a das Dores que eu conhecera. Embora portadora de singular beleza, agora mais refinada, conservara no semblante a expressão da humildade e da simplicidade de sua última existência.

– Irmão Virgílio, que alegria reencontrá-lo neste dia tão feliz para todos nós que um dia pertencemos ao reinado de César, do medo, da escravidão dos sentimentos e das consciências!

Concordei com as observações que das Dores trazia à tona daquele passado tão triste e, ao mesmo tempo, tão marcante para todos nós daquele círculo.

Naquele momento, José Luiz estava a postos em uma ampla cobertura ao lado de vasto gramado ladeado por flores de vários matizes, onde seria realizada a festividade nupcial, tendo ao lado os pais dos noivos, bem como Sebastião e Maria do Rosário. Clarinda também estava presente. O semblante da ex-prisioneira irradiava alegria, cuja sinceridade refletia-se nas lágrimas que desciam pelo seu rosto.

O ambiente era de plena alegria e felicidade. Crianças brincavam pelo gramado, momento em que identifiquei a presença de Julinho e Andrezinho, na alegria dos folguedos infantis com outras crianças da mesma idade. A música típica da ocasião indicou que a noiva estava prestes a entrar.

Os noivos estavam belíssimos, radiantes de felicidade típica de espíritos que se amam, atravessam os séculos e vencem todas as barreiras para finalmente se unirem no amor genuíno.

Marcelina proferia emocionada oração, inspirada por Glaucus, falando do amor, da alegria, da felicidade, dos compromissos e da realidade.

— O amor, meus queridos filhos, é o sentimento mais sublime. Eleva a alma, santifica as criaturas, engrandece a vida, ilumina a escuridão, acalma as tormentas e nos traz alegria e felicidade! O amor é a essência do sentimento divino que trazemos na alma e faz com que a criatura humana se eleve à condição de sublimidade! O amor nos fortalece para enfrentarmos as dificuldades.

O amor nos dá coragem para vencer as tormentas e nos redime diante das fraquezas. O amor é o sentimento que nos une a Deus e aos homens – criaturas que amamos – e nos faz perdoar aqueles que nos magoaram e nos prejudicaram. O amor de Jesus é o maior compromisso que devemos abraçar por amor a nós mesmos! Que Jesus nos abençoe, que Deus nos ilumine e que José Luiz e Cristina sejam felizes no amor de Deus e no amor do Cristo Jesus!

Suave luminosidade descia dos planos mais elevados da espiritualidade e envolvia o casal que, naquele momento, se beijava.

No suave beijo de amor em que os lábios de José Luiz e Cristina se encontraram, a luz se irradiou com intensidade. Naquele breve espaço de tempo, aqueles espíritos amados viajaram pela eternidade, esquecendo todo mal, todo sofrimento, todas dores, agonias e tribulações, que souberam vencer com o tempo para novamente se encontrarem, na união do amor eterno!

Observei que Pétrus, Glaucus e das Dores abraçavam os noivos com demonstração de carinho e profunda emoção, com os olhos cheios de lágrimas. Aproximei-me também para dar-lhes meu abraço. Naquele momento, das Dores pegou-me pelo braço e justificou sua emoção:

– Não é todo dia que se casa um filho! José Luiz é meu filho de coração.

Em seguida, dirigimo-nos a Glaucus e Pétrus, ocasião em que as palavras de das Dores me trouxeram o completo esclarecimento daquele episódio:

– Cornélius – disse dirigindo-se a Glaucus. – Caio – disse dirigindo-se ao Instrutor Pétrus –, venham conosco.

Sentia-me feliz e reconfortado. Afinal, Cornélius Paulus era Glaucus e o Instrutor Pétrus era Caio Fabrícius. Ainda tinha minhas dúvidas, mas, naquele instante, tudo ficara esclarecido aos meus olhos. Sorri espontaneamente.

Como a hora avançava, despedi-me dos amigos queridos, que ficariam para sempre gravados em minha memória. Abracei-os comovido, despedindo-me enquanto Pétrus me acompanhou a distância. O querido instrutor abraçou-me mais uma vez e nos despedimos:

– Que Deus o ampare e ilumine sempre, Virgílio. Você é um irmão querido que guardamos em nossos sentimentos de carinho e gratidão e, na Seara do Senhor, haveremos sempre de nos reencontrar na alegria do trabalho com Cristo!

Agradeci mais uma vez ao generoso instrutor, enquanto me elevava no espaço em direção à Colônia Irmão Nóbrega. O Sol descia no horizonte e os raios do astro-rei se estendiam pelo espaço, iluminando o infinito azul naquele final de dia em que o Senhor dos Tempos nos ofertava, mais uma vez, a vida, na alegria do seu amor eterno!

Não demoraria e o manto escuro da noite viria cravejado de estrelas cintilantes, demonstrando que, no Reino de Deus, a luz sempre brilha nos corações daqueles que amam!

Fim

Allan Kardec

Leia e recomende! À venda nas boas livrarias espíritas e não-espíritas.

O Evangelho Segundo o Espiritismo
O livro espírita mais vendido agora disponível em moderna tradução: linguagem acessível a todos, leitura fácil e agradável, notas explicativas.

Disponível em três versões:
- **Brochura** (edição normal)
- **Espiral** (prático, facilita seu estudo)
- **Bolso** (fácil de carregar)

O Livro dos Espíritos
Agora, estudar o Espiritismo ficou muito mais fácil. Nova e moderna tradução, linguagem simples e atualizada, fácil leitura, notas explicativas.

Disponível em três versões:
- **Brochura** (edição normal)
- **Espiral** (prático, facilita seu estudo)
- **Bolso** (fácil de carregar)

O Livro dos Médiuns
Guia indispensável para entender os fenômenos mediúnicos, sua prática e desenvolvimento, tradução atualizada. Explicações racionais, fácil entendimento, estudo detalhado.

Disponível em duas versões:
- **Brochura** (edição normal)
- **Espiral** (prático, facilita seu estudo)

Coletânea de Preces Espíritas
Verdadeiro manual da prece. Orações para todas as ocasiões: para pedir, louvar e agradecer a Deus. Incluindo explicações e orientações espirituais.
- **Edição de Bolso**

Se você quiser conhecer todos os nossos títulos, e se interessar em receber um catálogo, sem compromisso, envie seus dados para Caixa Postal: 67545 – Ag. Almeida Lima – CEP 03102-970 – São Paulo – SP ou se preferir via e-mail: petit@petit.com.br